KB070753

우리, 편하게 말해요

마음을 다해 듣고 할 말은 놓치지 않는

이금희의 말하기 수업

우리, 편하게 말해요

이금희 지음

웅진 지식하우스

차례

말을 이해한다는 건 기적과도 같은 일

3장

때로 작은 구원이 되어

말하기를 제대로 배운 적 없기에 22년 강의 실전 연습

여는 말

올해 초 홍진경 씨가 전화를 걸어왔어요. 안부 인사 끝에 말했습니다. "언니, 제가 유튜브를 하고 있는데요." "그래, 알지." "한글 맞춤법 강의를 주제로 방송하고 싶은데, 방송인이 하는 게 구독자들에게 익숙할 것 같아요. 근데 제가 아는 아나운서가 언니밖에 없어서요." "좋지. 내가 맞춤법 강의를 할 수 있을까?" 이렇게 시작된 통화는 녹화로 이어져 3월 초 동영상이 공개되었습니다.

조회 수가 450만 회를 넘자 제일 놀란 것은 저였습니다. 진경 씨의 기획 능력, 제작진의 준비와 편집 능력이 돋보이는 재미있는 영상이었지만, 그렇게 많은 분이 보시고 공감하리라고는 예상하지 못했거든요. 3,800개가 넘는 댓글을 훑어보았습니다(대중과 함께 호흡하며 일하는 저는 '반응'이 궁금합니다). 인상 비평 몇 개와

인신공격 몇 줄을 제외하고는 고맙다는 의견이 대부분이었습니다.

누구나 알 거라 여겼는데 그게 아니었나 봅니다. 초등학교 국어 시간에 배우기는 했는데 세월이 흐르면서 자연스럽게 잊어버렸을 테니까요. 오랫동안 머릿속에 새겨두기가 쉽지 않았겠지요. 기억이 가물가물해서 헛갈리는데 일상생활에서는 자주 쓰게 되는 맞춤법, 콕 짚어서 얘기해주는 사람이 없었을 것 같습니다.

이 책을 세상에 내놓는 마음도 별반 다르지 않습니다. 글을 읽고 말을 하는 걸 업으로 삼아 30년 넘게 해온 저로서는 그게 그리 어렵지 않습니다. 밥을 먹고 길을 가는 것처럼 자연스러운 일이지요. 하지만 누구나 그렇진 않을 것 같습니다. 요즘 교과과정에서는 좀 다를 수 있겠으나 대부분은 말하기를 정식으로 배운 적이 없으니까요.

배워본 적 없는 말하기가 사회생활에는 꼭 필요합니다. 특히 입시와 면접을 치르다 보면 절실해질 겁니다. 말을 잘하기, 그리고 제대로 하기가요. 그렇다면 다행입니다. 아나운서로 방송을 시작해 진행자, 디제이, 내레이터로 일해온 제가 깨달은 바가 없진 않겠지요. 말하는 직업을 갖고 우리말에 관심을 둬온 덕분에 배운 게 있다면 이제 여러분에게 드리고 싶습니다. 별것 아닌 노하우라도 도움이 된다면 나눠보겠습니다. 한 분이라도 더 편하게 부담 없이 말을 할 수 있다면 좋겠습니다.

말을 잘하는 것과 말을 할 줄 아는 것은 다릅니다.

말을 잘하는 것은 타고난다고 생각하시나요. 물론 소질도 중요하지만 무엇보다 어린 시절 환경이 좌우하는 것 같습니다. 생방송에서 유창한 말재간을 보인 분들에게 방송 후 질문을 해봤어요. 대부분 부모님 중 한 분이 말씀을 재미있게 잘하신다더군요. 아빠 쪽보다는 엄마 쪽이 말솜씨가 뛰어난 경우가 더 많았습니다. 태어나면서부터, 어쩌면 태어나기도 전부터 엄마의 빼어난 말을 들으며 자라는 아이와 그렇지 않은 아이는 분명히 차이가 있겠죠. 다소 억울한 마음도 들지만요.

말 잘하는 사람들을 '달변'이라고 한다면 말을 할 줄 아는 사람 중에는 의외로 '눌변'도 있습니다. '통달하다' 할 때의 '달達' 자가 들어간 달변은 말을 매우 능란하게 잘하는 것을 의미합니다. 김제동 씨나 윤종신 씨 같은 분이 달변이죠. 눌변은 '말더듬거릴 눌訥' 자를 써서 서

툴게 더듬거리는 말솜씨를 뜻합니다. 실제로 인터뷰를 해보면 눌변이지만 필요한 말을 적절히 해서 메시지를 잘 전달한 분들도 많았습니다.

나는 눌변인 것 같다고 생각하는 분이라도 좌절하지 마세요. 저와 함께 조금만 꾸준히 애써보면 말을 잘하지는 못해도 할 말은 놓치지 않고 할 수는 있게 될 겁니다. 어떻게 확신하냐고요? 저는 22년 6개월 동안 모교에서 2천여 명의 후배들과 수업을 했습니다. 학생 대부분이 개강 때와는 달라진 모습으로 종강을 맞이했답니다. 한 후배는 종강한 뒤에 메일을 보내왔어요. 대학 1학년 첫 수업에서 잘하려고 애쓰다 그만 발표를 망쳤대요. 트라우마가 생겨 그 뒤로 발표 수업은 피해서 수강 신청을 했다고요. 그러다 이대로 졸업하면 안 될 것 같아 마지막 학기에 제 수업에 들어왔답니다. 학점은 포기해도 발표에 대한 공포를 이겨내야겠다고 다짐한 겁니다. 한 학기 동안 힘들기는 했지만 한 주 한 주 따라서 하다 보니 스스로 달라진 걸 느꼈다면서 고맙다고 했어요. 저야말로 고마웠습니다. 제 수업에서 그 학생이 받은 학점은 A+, 전체 수강생 중 1등이었습니다. 극적인 변화라서 생생히 기억하고 있어요.

그럼 편하게 말하기, 하나하나 차근차근 저와 함께 시작해볼까요.

잘 듣는 것만으로도

사람은 누구나 자기 이야기를 하고 싶습니다.
하지만 귀 기울여주는 사람이 몇이나 될까요.
가족이나 친구도 늘 그러기는 어렵습니다.
이야기를 듣는 것은 관계의 시작이자 끝일지도 모릅니다.
무엇보다 잘 듣지 않고 말을 잘하기란 불가능합니다.
제대로 듣는 것은 말을 잘하는 것보다 더 앞서야 하는 일입니다.

언어는 존재의 집

"You are what you eat." 영어로 시작해서 죄송합니다. 당신이 먹는 것이 곧 당신이라는 뜻이죠. 저는 이 말을 다음과 같이 바꿔보겠습니다. "You are what you say." 당신의 말이 곧 당신입니다. 프랑스의 유명 미식가가 그랬다죠. "당신이 먹은 것을 말해주세요. 그럼 당신이 어떤 사람인지 알려드리죠." 마찬가지로 저는 말하고 싶습니다. "당신이 하는 말을 들려주세요. 그럼 당신이 어떤 사람인지 알려드리죠."

필요한 순간에 해야 할 말을 적절하게 하고 싶으시죠? 내가 어떤 사람인지 내 말이 알려준다고 하니 더욱 더 그럴 테죠. 그런데 말하기가 어려운가요? 말하는 데 자신감이 없나요? 당연합니다. 배운 적이 없으니까요. 누구도 제대로 가르쳐준 적이 없으니까요.

지금도 있는지는 모르겠지만 예전에는 웅변 학원이 동네마다 있었습니다. 웅변 대회가 학교마다 있었으니까요. 목청을 높여서 소리를 질러야 귀를 기울이는 시대였던가 봅니다. "이 연사, 두 손 모아 외칩니다!" 어린이 웅변가들은 반공 이념을 소리 높여 외치곤 했습니다. 그런데 지금 누군가 웅변을 하고 웅변 대회가 열린다면 어떨까요. 잠깐 흥미를 느낄지는 몰라도 누구나 참여하고 싶지는 않을 겁니다. 웅변의 시대는 저물었고 지금은 대화의 시대니까요. 웅변 학원 말고 조곤조곤 말을 잘하는 방법을 알려주는 학원이 있으면 좋겠습니다. 모두가 아나운서 아카데미에 다닐 수는 없는 노릇이니까요.

생각해볼까요. 우선 우리가 놓치는 것부터요. 말을 하려면 먼저 들어야 해요. 잘 듣지 않고 말을 잘하기란 불가능합니다. 영어를 배울 때 어땠는지 떠올려보세요. 알파벳을 외우고 단어를 익힌 후에 문장을 만듭니다. 스피킹Speaking을 하려면 리스닝Listening부터 해야 했죠. 제대로 들어야 제대로 말할 수 있습니다. 말을 하기 전에 아기는 무엇을 할까요. 엄마가, 아빠가, 어른들이 하는 말을 듣죠. 말하기 위해 듣는 겁니다. 영어도 그렇습니다. 어설프게나마 영어를 익히면 팝송을 들으며 이해해 보려고, 할리우드 영화를 자막 없이 보려고 애를 씁니다. 단어 하나라도 귀에 들리면 얼마나 기뻤던지.

하지만 우리말을 할 때 우리는 잊어버립니다. 제대로 들어야 제대로 말할 수 있다는 명제를요. 우리말이든 영어든, 아니 모든 언어가 그렇습니다. 잘 듣지 않고 말을 잘할 수는 없습니다. 혼자서 되뇌는 모노드라마, 연극의 독백이나 방백이 아니고서는 '먼저 들어야' 합니다. 그래야 무슨 말을 할지 감을 잡을 수 있죠. 상대와 어떻게 소통해야 할지 알 수가 있고요.

잘 듣는 것만으로도 당신은 신뢰할 만한 사람으로 보일 수 있습니다. 사적인 만남, 이를테면 소개팅에서도 그렇지 않나요. '잘 들어주는 사람이 애프터에 성공할 확률이 높다.' 요즘 그 사람의 관심사를 물어본 다음 눈을 맞추고 고개를 끄덕이며 열심히 들어주세요. 자연스럽게 다음 약속을 잡게 될 겁니다.

사람은 누구나 자기 이야기를 하고 싶습니다. 현생 인류의 조상인 호모 사피엔스의 기본 속성은 바로 '관계와 소통'이었다고 합니다. 다른 사람과 관계 맺고 이야기 나누고 정보를 주고받는 것은 생존의 문제, 살아남기 위한 필수 요소였죠. 한 언어연구학자는 '호모 나랜스Homo Narrans'로 인간을 규정했습니다. 인간은 이야기하려는 본능이 있고, 이야기로 사회를 이해하는 존재라면서요.

하지만 내가 하는 말에 귀 기울여주는 사람이 몇이나 될까요. 사이좋은 친구나 가족도 늘 그러기는 어렵습니다. 그러다 보니 '내 이야기'를 들어줄 사람에게 목마릅니다. 연애가 좋은 게 그것 아닌가요. 소소한 내 이야기도 주의 깊게 듣고 열렬히 반응해주는 사람이 생겼다는 것. 연애의 끝은 이런 데서 느껴지죠. '이 사람이 내 말을 안 듣고 있구나.'

그러니 귀를 열어 이야기를 듣는 것은 관계의 시작이자 끝일지도 모릅니다. 사적인 관계뿐 아니라 공적인 관계에서도 상대의 이야기를 잘 듣는 것은 좋은 관계의 첫걸음입니다. 게다가 잘 들어주는 사람에게는 신뢰감이 절로 생기거든요.

지금은 돌아가신 대통령의 부인을 만난 적이 있습니다. 방송 종사자 간담회 자리에서 그분은 열 명 남짓한 참석자들의 이야기를 경청했습니다. 한 사람씩 눈을 맞추고 고개를 끄덕이며 인자한 미소를 보여주셨어요. 더러 메모도 하셨습니다. 두 시간이 넘도록 나지막한 첫인사와 끝인사 말고는 그분의 목소리를 들을 수 없었습니다.

사회생활을 해보신 분이라면 아시겠지만, 우리 사회에서 말은 곧 권력입니다. 막강한 권력을 가진 사람일수록 목소리가 크고 말이 길어집니다. 사장님의 하염없는 말씀을 꾹 참으며 들어본 적 있으시죠. 나이가 어리거나 경력이 짧은 막내는 자기 얘기를 하기가 어렵습니다. 그런데 그 영부인은 그 자리의 막내 격이었던 저에게도 발언할 기회를 주셨어요. 원래 호감이 있었지만, 그 만남 이후 저는 더욱더 그분을 신뢰하게 되었습니다. 남의 말에 귀 기울일 줄 아는 분이라면 믿을 수 있겠구나, 하고 말이죠.

반대의 경우는 이미 머릿속에 떠올리고 계시지요. 직장 상사나 주변 어른 중에서 그런 분은 꼭 계시니까요. 라디오 생방송을 하다 보면 퇴근길 직장인들이 제일 많이 언급하는 분이 '우리 부장님'입니다. 우리 부장님은 왜 꼭 퇴근 5분 전에 일거리를 던져주실까. 우리 부장님은 왜 내 말을 건성으로 들으실까. 우리 부장님은 왜…. 부장님들, 지금 후배의 입을 막고 계시는 겁니다. 직원들의 이야기를 듣지 않으면 그 부서는 알게 모르게 조금씩 나빠지고 있을 겁니다.

'말'을 이야기하겠다는 책의 첫 글이 '잘 들어야 한다'라니요. 더군다나 코로나로 너나없이 마스크를 쓰고 상대방을 대하는데, 저 사람이 내 말을 잘 듣고 있는지 알 수 있을까요. 정답은, 짐작하시는 그대로입니다. '온몸으로 공감'하고 있다는 사실은 마스크를 뚫고도 전달됩니다. 스마트폰과 노트북 넘어서도 고스란히 느껴집니다.

말을 잘 듣고 나서야 당신은 말을 잘할 수 있을 겁니다. 당신이 하는 말이 곧 당신입니다. 철학자 하이데거도 말했습니다. "언어는 존재의 집"이라고요. 당신의 집은 어떻습니까.

날마다 종알거리고

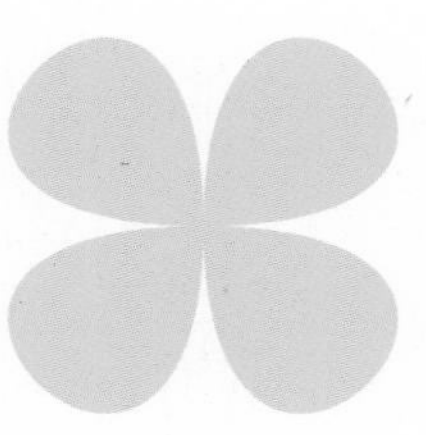

말을 잘하고 싶다는 욕구는 대부분 가지고 있는 것 같습니다. 사실 자라오면서 저는 '말을 하는 것'이 뭐 그리 대수인가 싶었어요. 말은 누구나 하는 것 아닌가. 태어나 옹알이를 하고 엄마 아빠를 부르며 입을 떼고, 그러면 누구나 말을 잘할 수 있는 것 아닌가 하고 말이죠. 그게 아니라는 건 학교에서 학생들을 가르치며, 방송국에서 생방송을 진행하며 알게 되었어요.

발표하러 나온 자리에서 시종일관 염소 목소리를 내는 학생을 보면서, 생방송 도중에 너무 떨려 졸도하는 출연자를 눈앞에서 보면서요. 심지어 주부 리포터로 나온 분은 갑자기 대본이 보이지 않는다고도 했어요. A4 용지보다 더 큰 B4 용지에 20포인트 굵은 글씨체로 출력을 해드려도 안 보인다고요. 말을 하는 것, 남들 앞에서 말하는 것, 말로써 자신의 의사를 남에게 전달해 이해시킨다는 것이 실은 매우 어려운 일이었습니다.

언젠가 북 콘서트에서 사회를 본 후 뒤풀이에 합류한 날이었어요. 제 앞자리에 앉은 가수의 매니저가 느닷없이 질문하는 겁니다. “어떻게 사람들이 자기를 좋아할 거라 믿고 그렇게 말을 편하게 할 수 있어요?” “네? 무슨 말씀이신지….” “방송이나 공연을 진행하시는 걸 여러 번 봤거든요. 늘 편안하게 얘기하시더라고요. 여기 온 사람들이 모두 나를 좋아할 거다, 생각하면서 말하는 사람처럼 말이죠.”

뭐라 답을 해야 할지 몰라 그냥 웃으며 얼버무렸습니다. 그러고 나서 곰곰 생각해보니 저는 다른 사람들 앞에서 말을 할 때 기본적으로 거기 있는 분들을 믿는 것 같았습니다. 이 사람들은 내 이야기에 귀를 기울일 것이다, 하고 말이죠. 마음속 깊은 곳에서 의심이나 불안이 올라온 적은 별로 없었습니다. ‘이 사람들이 내 이야기를 안 들으면 어떡하지? 내가 실수하거나 말을 망쳐서 비난을 들으면 어떡하지?’ 그런 적은 없었어요.

실수해도 할 수 없지, 망쳐도 괜찮아. 스스로 세뇌하기도 하고 배짱이 두둑하기도 해서겠죠. 하지만 생각해볼수록 그뿐만은 아닌 것 같았습니다.

왜 그럴까, 곰곰 되짚다 얻은 결론은 '원原체험'이었습니다. 원체험이란 어떤 사람의 기억에 오래 남아 어떤 식으로든 구애를 받게 되는 유년 시절의 경험이라죠. 가족 상담 쪽에서는 '원原가족'을 중요시한다고 해요. 출가하기 이전 원래 가족 말입니다.

남자든 여자든 결혼하고 자녀를 낳아 키우면 부모(나)와 자녀로 구성된 가족이 형성되죠. 그런데 자녀에 대한 나(부모)의 태도에는 어린 시절 '원가족' 안에서 겪은 경험이 반영된다는 겁니다. 엄한 아버지 밑에서 통제받으며 자란 사람이 부모가 되면 자신도 모르게 아이들의 말이나 행동을 통제하려 하는 것 말이죠. 그와 비슷하게 원체험이 말하기의 기본적인 태도를 결정한다고 결론짓게 되었습니다.

딸 다섯 중 넷째로 태어난 저는 말하기를 좋아하는 아이였나 봐요. 형편이 어려워 유치원에 다닐 수는 없었지만, 담 너머 유치원 수업을 쳐다보며 곧잘 따라 하곤 했고요. 아이들이 율동을 하면 저도 하고 노래를 부르면 따라서 불렀죠. 이런 저를 안쓰럽게 여긴 어머니가 초등학교에 일찍 들여보냈어요. 만으로 여섯 살에 초등학생이 된 저는 신이 났습니다. 초등학교 1학년 수업은 유치원과 별로 다를 게 없잖아요.

학교 종이 울리면 부리나케 집으로 달려와 그날 하루 학교에서 있었던 모든 일을 중계방송했습니다. 선생님 말씀, 아이들 이야기를 하고 또 하고 계속 말했죠. 해도 해도 끝나지 않는 학교 이야기는 저녁 식사 자리까지 이어졌습니다. '밥 먹을 때 말을 하면 복이 달아난다'라는 옛말을 믿었던 아버지가 그만 좀 떠들고 밥이나 먹으라고 하면 어머니가 넌지시 제 편을 들어주셨어요. "놔두세요. 재미있잖아요."

뭐 그리 재미있었겠어요. 아이들 학교생활이 다 거

기서 거기였겠죠. 게다가 제 위로 언니 셋이 먼저 학교도 다니고 졸업까지 했으니 어머니로서는 다시 보기, 재방송을 틀어놓은 기분이었겠지요. 그런데 단 한 번도 그만하라고 하신 적이 없었습니다.

가족사를 좀 털어놓을 수밖에 없겠네요. 제 위로 태어났던 돌배기를 잃은 어머니는 유독 저에게 신경이 쓰였답니다. 지금과는 달리 유아 시절에는 너무 작고 약골인 데다 병치레가 심해서 한밤중에 저를 안고 병원으로 달려간 적도 한두 번이 아니었다고 해요. 또다시 아이를 잃으면 어떡하나, 노심초사하던 어머니로서는 목숨을 부지하고 자라난 것도 다행, 학교를 들어간 것도 다행인 셈이었죠. 그러니 제가 무슨 말을 해도 그저 귀엽고 재미있었을 겁니다.

덕분에 저는 아주 좋은 '말'의 원체험을 갖게 된 셈입니다. 내가 말을 할 때 세상에서 제일 좋은 울 엄마가 재미있게 들어준다. 아이에게는 이보다 더 신이 나는 일이 없었겠죠. 그렇게 날마다 종알거리고 보고를 하면서 말하기가 조금씩 늘었으리라고 짐작해봅니다. 동시에 마음속 깊은 곳에 믿음이 자라났을 겁니다. '엄마처럼 사람들도 내 이야길 재미있게 들을 거야.' 그런 믿음이 저를 아나운서로 만든 것 같습니다. 듣기의 힘, 특히 원가족 내에서 하게 되는 원체험인 경청은 이렇게 힘이 셉니다.

"어떻게 사람들이 자기를 좋아할 거라 믿고
그렇게 말을 편하게 할 수 있어요?"

곰곰 생각해보니 저는 사람들 앞에서 말을 할 때
기본적으로 거기 있는 분들을 믿는 것 같았습니다.
이 사람들은 내 이야기에 귀를 기울일 것이다,
하고 말이죠.

27분 30초

27분 30초, 경청의 힘을 새삼 깨닫게 된 시간이었습니다. 다름 아닌 '티타임'에서요. 저는 22년 6개월 동안 모교 강단에 섰습니다. 그 시간 동안 가장 기억에 남는 일이 뭐냐고 묻는다면 티타임이라고 하겠습니다. 수업이 아니고요.

처음 강의를 시작할 때는 의욕이 넘쳤습니다. 학생들이 몹시 힘들었을 거예요. 매주 과제를, 그것도 녹록지 않은 것들로 내주었거든요. 그때만 해도 학생들이 순했던 건지 이의를 제기하지 않고 순순히 따라왔습니다. 그런데 3~4년이 지나면서 알게 되었습니다. 제가 왜 그렇게 매시간 촘촘하게 채우고, 매주 과제를 내주었는지 그 까닭을요. 자신이 없기 때문이었습니다. 30대 초반의 겸임 교수, 방송 경력이 10년이 넘은 데다 대학원에서 석사 학위까지 취득했지만 얼마나 부족한

지는 누구보다 제가 제일 잘 알았습니다. 그걸 들키기 싫었던가 봅니다.

5년이 흐르고 6년이 되면서 깨닫게 되었죠. 모자라면 모자란 대로, 부족하면 부족한 대로 솔직하게 드러내 보이며 최선을 다하면 된다는 것을. '우리 학교, 우리 학부에는 훌륭한 교수님들이 많이 계시니 이론은 그분들이 가르쳐주실 거다. 나는 내가 할 수 있는 것을 하자.' 다짐했습니다.

학생들이 가장 바라는 것, 그들에게 제일 필요한 것이 무엇일까. '선생'이 아니라 '선배'인 저를 원할 것 같았습니다. 진출하고 싶은 분야에 먼저 나가서 활발하게 활동하는 선배와 '이야기'를 나누고 싶을 테니까요. 그래서 7년째 되던 해부터 학생들과 일대일로 면담을 하기 시작했고, '티타임'이라고 이름을 붙였습니다.

학교 앞 조용한 커피숍에서 학생을 한 명씩 만났습니다. 겸임 교수는 따로 연구실이 없으니까요. 10년 넘는 세월이었으니 애용하던 커피숍이 폐업해서 장소를 옮기기도 했습니다. 제가 제일 좋아하던 커피숍에는 커피머신 바로 앞에 작은 테이블이 있었어요. 주문받는 소리며 우유를 데우는 스팀 소리가 들리기는 했지만, 원탁에 놓인 미니 스탠드 불빛이 따스했습니다.

시행착오도 겪었어요. 처음에는 20분씩 만나다가 시간이 짧은 것 같아 한 시간으로 늘렸는데, 너무 길어서 서로 힘들어지자 30분으로 정하게 되었습니다. 교수와 따로 만나는 걸 불편하게 여기는 학생의 마음을 헤아리지 못하기도 했고요. 그러다 차츰 정리되었습니다. 학기 초가 되면 이렇게 말을 했어요.

"여러분에게 30분의 데이트를 청합니다. 어떤 이야기든 좋으니 선배와 하고 싶은 이야기를 저와 나누시면 됩니다. 부모님에게 얘기하자니 나보다 더 걱정하실 것 같아 망설여지는 이야기, 제가 부모님만큼 걱정하지는 않겠지요. 선배에게 의논하고 싶은데 어디 가서 말하고 다니면 어떡하나 걱정되는 이야기, 저는 여러분 개인의 이야기를 하지는 않습니다. 요즘 학생들은 이렇다고 말할 수는 있지만요. 친구에게 털어놓고 싶은데 나와 경험이 비슷하니까 도움이 안 될 듯한 이야기, 그런 이야기를 저랑 하면 돼요."

"만나기 하루 전에 메일을 보내주세요. 여러분이 어떤 사람인지 자세히 알려주세요. 요즘 무슨 생각을 하는지, 무엇 때문에 힘든지, 아니면 무엇으로 힘이 나는지. 메일을 쓰다 보면 스스로 정리도 될 거예요."

고작 서너 줄 적어서 보내는 학생도 있었지만, A4 용지로 11장을 쓴 학생도 있었습니다. 즐거운 이야기를 하면서 깔깔 웃다 가기도 했지만, 눈물부터 흘리기도 했습니다. 대부분 시간을 잘 지켰지만, 저를 두 번이나 바람맞힌 학생과 세 번째에야 만나게 된 적도 있었고요. 30분 동안 얘기를 나눈 후 신기하다는 듯 "어른하고 둘이서 대화를 할 수 있을 줄 몰랐어요"라고 말한 학생도 있었답니다.

코로나19로 비대면 수업을 하기 전까지 15년 동안 1,500명 남짓 만나다 보니 커피값만 해도 어마어마했습니다. 무엇보다 집중하는 게 쉽지만은 않았어요. 앉은 자리에서 예닐곱 명의 이야기를 연달아 들을 때면 지치기도 했습니다. 그런데도 왜 15년이나 계속했을까요. 배우는 게 많아서였습니다. 학생들이 어떤 고민을 하는지 알게 되고, 젊은이들이 생각하는 것들을 이해하게 되었으니까요. 제가 진행하던 생방송 프로그램에 매주 나오던 한 정신과 전문의는 이런 말씀도 해주셨습니다. "학생들과 일일이 만나는 게 힘들기는 하겠지만, 금희 님의 표정과 눈빛을 보면 정말로 사람을 이해하고 있다는 게 느껴져요. 그런 과정을 거치지 않으면 얻을 수 없는 거죠."

제가 한 건 별로 없었어요. 들어주기만 했지요. 22년 반 동안 제 수업을 들은 2천여 명 중 몇몇 후배들과 지금까지도 독서 모임을 하고 있습니다. 그중 한 후배가 얘기했어요. "선배님, 미리 말씀 못 드려 죄송했지만, 사실 티타임 때 선배님과 나눈 대화를 녹음했어요." 적

꽤 당황했지만 궁금하기도 했습니다. “내가 뭐라고 했어?” 제 질문에 후배는 대답했습니다. “30분 중에서 27분 30초를 저 혼자 얘기했더라고요. 선배님은 이런 말씀만 하셨어요. 그랬구나, 그래, 힘들었겠네, 장하다, 기특하네.”

얘기를 나누다 보면 서너 명에 한 명꼴로 눈물을 흘리기도 했지요. 처음엔 당황했어요. 주문하는 손님과 응대하는 주인이 볼 수도 있는데 제 앞에 있던 학생이 갑자기 우는 거예요. “어머, 왜 울어? 울지 마. 혹시 내가 뭐 실수라도 한 거야?” 그러면 고개를 저으며 눈물을 닦던 후배들. 나중엔 알게 되었어요. 누군가 자신의 이야기를 전적으로 몰입해서 들어주는 경험만으로도 힐링이 되고 마음에 위안을 얻을 수 있구나.

그러니 진심으로 아끼고 사랑하는 사람이 있다면, 들어주세요. 시간을 내고, 마음을 열고, 이야기를 들어만 주세요. 놀랍도록 가까워졌음을 느끼게 될 겁니다. 제가 그랬거든요. 일주일에 걸친 티타임이 끝나고 그

다음 주 수업 시간에 강의실로 들어서면 신뢰의 눈빛으로 가득 찬 학생들의 미소를 마주할 수 있었습니다. 듣기의 힘은 그런 겁니다.

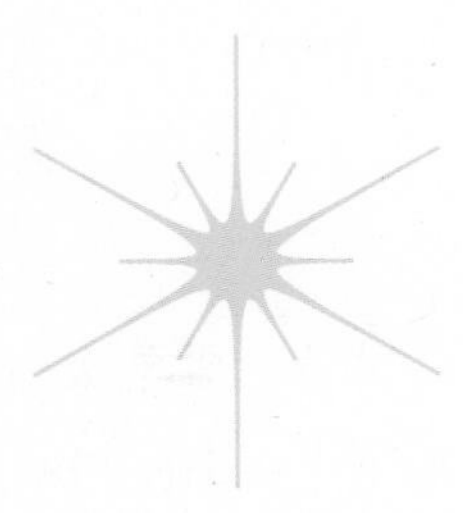

낮게 천천히

"MBTI가 뭐예요?" 요즘은 사람을 만나면 MBTI부터 물어봅니다. 알파벳 하나라도 자신과 일치하면 무척 반가워하죠. 세상의 많은 사람을 고작 열여섯 가지 유형으로 나누는 데 반감을 품었던 저도 어쩔 수 없이 방송 프로그램에서 검사를 해봤습니다. 결과는 ENFJ. 외향적이라네요. 맞습니다. 저는 꼬꼬마 시절부터 사람을 좋아했대요. 집에 놀러 온 어른에게 아장아장 걸어가 무릎에 앉았대요. 집에 딸린 일터에서 일하느라 바빴던 어머니 대신 동네 어른들 손 잡고 마실 다니느라 집에 붙어 있지를 않았다고요. 초등학교 때부터 지금까지 친구를 사귀는 데 어려움을 겪어본 적도 없어요. 학년이 바뀌면 자연스럽게 제일 마음에 드는 아이에게 다가가 웃으며 인사했거든요. "안녕!"

저를 부러워하는 분들이 있겠지요. MBTI 맨 앞자리

가 E 아닌 I로 시작하는, 내향적인 분들 말입니다. 하지만 부러워할 필요 없어요. 내향적이기 때문에 에너지를 모아서 적절히 쓰는 법을 알고 있을 테니까요. 그리고 다들 외향적인 사람을 좋아하는 것 같지만, 실제로는 많은 이들이 조용하고 차분한 사람에게 끌리고 신뢰감을 느끼거든요.

23,400명 안팎의 초대 손님을 만나며 아침 토크쇼 프로그램을 진행하던 시절, 제가 느낀 바도 그 점이었습니다. '사람들이 신뢰하는 유형은 따로 있구나.' 요즘은 달라졌겠지만, 예전에는 보험사에서 해마다 계약을 가장 많이 체결한 설계사를 '보험 여왕'이라 부르고 시상식을 했습니다. 실제로 미스코리아처럼 왕관을 쓰고 긴 망토를 끌며 행진하는 곳도 있었죠. 연말쯤 그분들을 초대해 이야기를 나눈 적이 있었어요. 3년 연속 만나본 세 군데 보험 여왕들에게는 공통점이 있었습니다. '내향적이고 말수가 적으며 목소리가 작은 편'이라는 것. 그러고 보니 모두 체구도 자그마한 편이었네요. 옷도 참 얌전했고 차분하게 얘기 나누던 것도 공통적

이었습니다.

목소리가 우렁차고 성격도 괄괄하며 유머 감각 넘치는 캐릭터의 보험 여왕을 떠올리진 않으셨나요. 보험에서 가장 중요한 것은 신뢰일 겁니다. 사고든 질병이든 뜻밖의 일이 생겼을 때 믿고 찾아가 의논하고 보험금을 받을 수 있게 도와줄 사람, 내성적이면서 꼼꼼하고 믿음이 가는 사람이겠지요.

어디에서 무얼 하든 마찬가지 아닐까요. 학교를 졸업하고 사회로 진출하거나 대학원에 진학하거나 비슷할 거예요. 한 단계 앞으로 나아가고 한 계단 위로 올라서려면 면접을 보거나 시험을 치르잖아요. 그럴 때 가장 중요한 것 역시 신뢰일 겁니다. '이 사람은 믿을 만한 사람인 것 같다. 미더운 사람으로 보인다. 우리와 함께 일을 하면 제 몫을 잘하겠다.' 그런 마음이 들게 만들어야 하지 않을까요.

토익 점수나 학점도 중요하겠지요. 하지만 최종 단

계에 이르러 점수가 엇비슷한 상황이라면 결국 신뢰를 택하겠지요. 믿을 만한 사람으로 보이는 것, 자신이 그런 사람임을 알리는 게 중요할 겁니다.

무슨 말을 어떻게 해야만 그런 사람으로 보일까요. 우선 상대방이 하는 말을 잘 들으려 노력하자고 앞에서 말씀드렸지요. 한 걸음 더 나아가 믿을 만한 사람으로 보일 수 있는 팁을 드리고 싶습니다.

낮게, 천천히.

여러분 곁에 있는 아이를 떠올려보세요. 아이는 누구나 귀엽고 예뻐요. 그 아이가 말을 할 때 가만히 지켜보세요. 아이들은 대부분 이렇게 말합니다. 높게, 빠르게. 2~30대까지는 대개 그렇게 말을 해요. 저도 20대에 출연했던 방송을 보면 어찌나 톤이 높고 또 어찌나 빠른 속도로 말을 하는지 부끄러워 차마 보지 못할 정도입니다. 여기저기서 불쑥 옛날 자료 화면이 튀어나오는 유튜브, 민망합니다.

높고 빠르게 말을 하면 발랄하거나 귀엽게 보이지만 신뢰가 가지는 않습니다. 뉴스를 볼까요. 신뢰감의 대명사인 앵커는 남녀 구분 없이 낮은 톤으로 힘을 주어 말합니다. 드라마나 영화에 나오는 배우 중에서 어쩐지 믿음 가는 사람을 떠올려보세요. 열이면 열, 천천히 말할 겁니다. 그러니 믿을 만한 사람으로 보이고 싶다면 지금부터 연습해보세요. 살짝 낮은 톤으로 조금 천천히 말하기!

이 두 가지 팁은 캐나다 교포 학생에게 배운 거였어요. 꽤 오래전, 아나운서실에서 근무하던 시절이었습니다. 사무실로 걸려 온 전화를 받았는데 마침 저를 찾더라고요. 아주 세련되고도 예의 바르게 말하던 그 학생은 방학 동안 모국어를 배우러 왔고 귀국을 앞두고 있다고 했어요. 우리말을 공부하며 제가 진행하는 라디오 프로그램을 교재 삼아 들었는데 떠나기 전에 고맙다는 인사를 하고 싶었다고요. 제가 더 고마웠습니다. 그렇게 통화하다가 곧바로 다음 날 만나기로 했죠. 여학생의 말씨에 제 마음이 스르르 열렸나 봅니다.

커피숍에서 만나 얘기를 나누다가 물어봤어요. 캐나다에서 태어났다면서 어떻게 그렇게 우리말을 세련되게 잘하는지를요. 그녀의 대답이 바로 이거였습니다. 낮게, 천천히! 어학원에서 선생님이 가르쳐주셨대요. "우리말을 잘하는 것처럼 보이려면 두 가지만 기억하라. 낮게, 천천히!"

캐나다에서 태어나 영어부터 배운 교포 학생이 한국 아나운서 귀에도 쏙 들어올 만큼 신뢰감을 준 말하기는 '톤'과 '속도'에 비밀이 있었습니다. 낮게! 천천히! 그럼 연습해볼까요. 처음 만났을 때 인사말부터요.

"(낮게!)안녕하세요, (천천히!)반갑습니다."

23,400명 안팎의 초대 손님을 만나며
아침 토크쇼를 진행하던 시절,
제가 느낀 바도 그 점이었습니다.
사람들이 신뢰하는 유형은 따로 있구나.

지금부터 연습해보세요.
살짝 낮은 톤으로 조금 천천히 말하기!

혼자가 아닙니다

"단어와 단어 사이 간격이 너무 넓다. 글자에 힘이 없고 글씨가 작아진다." 필적을 연구하는 분이 하신 인터뷰에서 들은 이야기입니다. 고립해 외톨이로 살아가는 사람들에게서 나타나는 공통적인 특징이라고 해요. 사람이 외로우면 글씨까지 외로움을 타나 봅니다.

말도 확실히 그런 듯합니다. 사람을 만나지 않고 입을 떼지 않으면 단어와 단어를 연결하지 못해 간격이 넓어지는 것 같아요. 말할 때 자신감이 떨어지고 입 안으로 웅얼거리게 되고요. 그러니 목소리에 힘도 없고 말소리도 줄어들밖에요. 말을 업으로 삼는 저도 혼자 지낸 주말 뒤에 하는 방송에서는 진행이 매끄럽지 못합니다.

어떻게든 말도 하고 글씨도 써야 합니다. 2009년

<김씨 표류기>라는 영화가 개봉된 적이 있습니다. 담고 있는 의미가 아주 좋고 따뜻한 작품이었지요. 있을 수 없을 것도 같지만, 어쩌면 있을 수도 있는 이야기. 빚에 시달려 한강 다리에서 뛰어내린 주인공 김씨가 밤섬에 닿게 되고, 죽으려 했던 마음을 고쳐서 살기 위해 애씁니다. 강물에 떠밀려 온 생활 쓰레기 중에는 의외로 건질 게 있었고, 먹고 사는 데도 도움이 되었습니다. 밀의 씨앗을 심어 키워서 짜장면을 만들어보자는 야무진 꿈을 품을 정도로요.

그런 김씨에게 어느 날 쪽지가 들어 있는 밀폐된 병이 도착합니다. 알고 보니 밤섬에 있는 남성 김씨를 은둔형 외톨이인 여성 김씨가 지켜보며 응원했던 거죠. 외모 콤플렉스가 있던 여성 김씨는 방 안에만 틀어박혀 지냅니다. 컴퓨터를 켜놓고 홈페이지 관리를 하며 망원경으로 달 사진을 찍으면서요. 밤이 되면 집을 나와서 아무도 없는 공원을 달립니다. 그러다 어느 날 망원경으로 밤섬 김씨를 발견하고 응원하다가 쪽지를 보낸 겁니다.

밤섬의 김씨와 방 안의 김씨가 도시를 표류하다 결국 만나는 이야기. 저처럼 소통에 관심이 많은 사람에게는 아주 좋은 영화입니다. 섬에 있거나 섬 같은 자기 방에 있는 두 사람에게 필요한 건 소통이었습니다. '혼자가 아니다. 누군가 나를 지켜보고 있다. 나를 응원하는 사람이 있다.' 섬의 김씨는 생각했죠. '혼자가 아니다. 누군가를 지켜보며 그 사람에게 응원을 보낸다.' 방의 김씨도 생각했죠.

이런 느낌이 나를 살게 하고, 이런 생각이 나를 일으킵니다. 혼자 있더라도 생명체에게 말을 거세요. 강아지나 고양이, 어항 속 금붕어도 좋아요. 혼자가 아님을 느끼세요. 반려동물이 없다면 반려식물은 어때요? 물을 주면서, 잎을 닦아주면서 말을 걸어보세요. 사랑을 주면 식물도 반짝반짝 빛이 난다잖아요. 반려견이나 반려묘가 없다면 무생물에게도 괜찮습니다.

오래전 영화지만 종종 언급되는 <중경삼림>에서도 주인공이 그러죠. 새 비누를 앞에 두고 말해요. "자포

자기하지 마. 한동안 괜찮더니 왜 또 뚱뚱해졌어. 그녀는 없지만, 자신을 돌봐야지. 앞으론 너무 풀어지지 마. 살 빼고 반성해." 실연당한 자신에게 하는 독백이지요.

비누하고 말을 하긴 좀 그렇다고요? 인형을 옆에 앉히는 건 어떤가요. <나 혼자 산다>라는 프로그램에도 윌슨이 나오잖아요. 윌슨은 <캐스트 어웨이>라는 영화에 등장한 배구공 이름이었습니다. 비행기 사고로 무인도에 표류하게 된 주인공은 이것저것 손에 닿는 대로 생존을 위해 이용합니다. 그래도 <김씨 표류기> 속 김씨보다는 상황이 낫습니다. 택배 회사 직원이었고, 사고 비행기에 택배 물품이 실려 있었거든요. 하나씩 개봉하는 마음이 얼마나 두근거렸겠어요. 그중 한 상자에서 나온 것이 배구공, 윌슨이었습니다. 윌슨 덕분에 주인공은 무려 4년간 무인도 생활을 해나갈 수 있습니다. 혼자, 아니 윌슨과 얘기 나누면서요. 둘은, 아니 혼자서 윌슨과 싸우기도 하고 미안하다며 사과도 합니다. 윌슨이 없었다면 생존할 수 있었을까요.

물론 제일 좋은 건 사람을 만나는 겁니다. 소위 '방송고시'를 준비하며 전화번호를 바꾸고 친구들도 전혀 만나지 않는다는 젊은이들을 가끔 봤습니다. 독하게 마음먹고 목표를 향해 달려가는 것이 나쁘지는 않죠. 하지만 고립감 속으로 자기 자신을 몰아넣을 때 스스로 잘 버틸 수 있는 사람인지는 생각해보아야 합니다.

다이어트를 더 잘할 수 있게 하는 게 '치팅 데이'잖아요. 일주일에 하루쯤 떡볶이도 먹고 치킨도 배달시키듯이 한 달에 한 번쯤은 친구를 만나 맥주잔도 기울이고 코인 노래방에서 노래도 부르는 건 어떨까요.

사람과 사람 사이 거리가 너무 멀어지지 않게, 우리는 혼자가 아니니까요.

한마디도 하지 않은 하루

상대 없이 혼자서 말하는 게 쑥스러우면 이런 방법도 있습니다. 버스 정거장이나 지하철역에서 내려 집까지 걸어오는 동안 말하는 걸 녹음하는 거죠. 친구와 통화하는 것처럼 보이니까 다른 사람을 신경 쓸 필요도 없습니다. 자기 목소리를 들어본 적이 있나요? 방송인이 아니라면 자신이 말하는 걸 직접 들을 기회가 거의 없습니다. 스스로 어떻게 말하는지 알 길이 없죠. 하지만 스마트폰에서 녹음 버튼만 누르면 이제 누구나 자기 목소리나 말의 장단점을 판단할 수 있게 됐습니다. 처음에는 어색할 겁니다. 내 목소리가 아닌 것 같지요. 아나운서들도 마찬가지입니다.

이유가 있다고 합니다. 몸 안에서 울려 나오는 소리를 듣는 '내이內耳'와 몸 밖, 즉 입을 통해 밖으로 나온 소리를 듣는 '외이外耳'에 모인 소리가 합쳐져 들리면 우리는 '내 목소리가 이렇구나' 하고 느낍니다. 비유하자면 스테레오로 듣는 셈이지요. 이 중에서 내이를 제외한 외이의 소리가 바로 남이 듣는 내 목소리입니다. 녹음해서 듣는 내 목소리도 그것이지요. 스테레오가 아닌 모노라고나 할까요. 모노보다 스테레오가 더 풍성하게 들리듯, 남이 듣는 내 목소리(외이)보다 내가 듣는 내 목소리(내이+외이)가 훨씬 더 좋게 느껴지기 마련입니다. 그러다 객관적인 내 소리(외이)를 들으니 인정할 수 없는 겁니다.

그럼 어떻게 할까요. 모노를 스테레오로 만들어야죠. 이 책 뒷부분에서 다루겠지만, 발성이나 발음 훈련을 하는 이유가 거기에 있습니다. 좋은 느낌, 풍성한 울림을 갖춘 멋진 목소리는 노력으로 어느 정도 만들 수 있습니다. 그중 하나가 바로 녹음하기입니다. 그런데 녹음한 내 말을 듣고 내가 판단하기란 쉽지 않습니다. 그럴 때는 다른 사람에게 부탁해보세요. 학교나 학원 선생님은 말하기에 관심이 많을 겁니다. 선배나 동료, 친구 중에서도 말을 아주 조리 있게 잘하거나 남의 말을 귀담아들을 줄 아는 사람이라면 판단해줄 수 있을 겁니다.

아침 토크쇼에서 만났던 한 교수님 이야기를 해볼까 해요. 한국인이 세계 최고 명문대에 합격하는 것은 예나 지금이나 기쁜 일이겠죠. 오래전에 그 교수님도 그랬답니다. 부푼 마음을 안고 미국 뉴욕에 갔는데, 외로움과 괴로움이 동시에 덮쳐 오더랍니다. 한국인은 단 한 명도 없고 수업은 물론 수다도 영어만 통하는 상황. 지금처럼 영상통화는 아예 없고 국제전화 요금도 무시무시하게 비싸던 시절, 한국어로 말하고 싶어 미칠 지경이더랍니다. 외로움이 쌓여갔겠죠. 아이디어도 좋고 개성도 있어 원래는 자신감이 넘쳤지만, 세계 각국의 천재만 모인다는 곳에서 자신은 보잘것없더랍니다. 괴로움이 더해갔겠죠.

그랬던 분이 10년을 버티며 졸업하고 학위를 받고 강의까지 하게 된 비결이 다름 아닌 혼자 말하기였답니다. 저녁이면 수업 도구인 비디오카메라를 원룸 한

가운데 두고 녹화 버튼을 눌렀답니다. 더러는 울었고 때로는 웃었겠지요. 그렇게 혼자서라도 말을 했기에 '미치지 않고 무사히' 졸업한 후 귀국할 수 있었다고 합니다. 그때는 테이프값이 아까워 녹화한 걸 지우고 그 위에 또 녹화했대요. "그걸 다 남겨뒀더라면 의미 있는 기록이 될 수도 있었을 텐데" 하며 후회하시더라고요.

텔레비전 또는 동영상을 보거나 라디오를 들을 때 남의 말을 분석해서 듣는 것도 도움이 됩니다. 영어 공부할 때 귀로 들을 줄 알아야 입으로 말할 수 있는 것처럼 남의 말을 제대로 듣고 분석할 줄 알아야 나의 말도 잘할 수 있거든요. 그렇게 하루 이틀 하다 보면 말하는 것이 어색하게 느껴지지 않을 때가 옵니다. 그럼 이제 시작입니다. 말하기에 자신감이 붙은 거니까요.

혼자 있다 보면 말을 한마디도 하지 않고 하루를 보내기도 합니다. 혼자 사는 사람이 재택근무를 하며 컴퓨터 자판을 두드리는 일을 한다면 어떨까요. 입을 닫고 일을 하니 입을 열어 말하는 데 두려움을 느끼는 게 당연할 겁니다. 그런 분들에게도 자기 말 녹음하기를 권해드리고 싶습니다. 한마디라도 좋으니 매일 녹음하고 들으며 고쳐보세요. 두려움은 슬며시 사라지고 자신감은 살며시 붙을 겁니다.

너는 봄날의 햇살 같아

<이상한 변호사 우영우>. 2022년 최고의 작품이라 꼽는 분들이 많지요. 그 드라마 안에는 별칭이 많이 나옵니다. 우당탕탕 우영우, 권모술수 권민우. 둘 다 당사자가 좋아하진 않았지만, 특성을 정확히 드러냈어요. 영우의 동료이자 친구인 최수연 변호사가 말합니다. "나도 그런 거 만들어줘. 최강동안 최수연, 어때? 아니면 최강미녀 최수연?" 우영우 역할의 배우 박은빈이 말합니다.

"아니야. 넌 그런 거 아니야. 너는 봄날의 햇살 같아. 로스쿨 다닐 때부터 그렇게 생각했어. 너는 나한테 강의실의 위치와 휴강 정보와 바뀐 시간표를 알려주고, 동기들이 나를 놀리거나 속이거나 따돌리지 못하게 노력해. 지금도 너는 내 물병을 열어주고, 다음에 구내식당에 또 김밥이 나오면 나한테 알려주겠다고 해. 너는

밝고 따뜻하고 착하고 다정한 사람이야. 봄날의 햇살, 최수연이야."

이 대사에 최수연 역할을 맡은 배우 하윤경의 눈시울이 붉어지는 것은 당연했습니다. 봄날의 햇살이라는 말을 듣고 어찌 감동하지 않겠어요. 각종 커뮤니티 게시판에도 감격해서 목이 메고 눈물이 났다는 글이 많이 올라왔습니다. 누군가 제대로 알아봐준 한 사람의 장점, 그걸 전달하는 한 사람의 진심 어린 칭찬 앞에 다들 무장해제된 것일 테지요.

장점을 찾아보세요. 그리고 말해주세요. 칭찬이 춤추게 하는 것은 고래만이 아닐 테니까요. 누구에게나 장점은 있습니다. 하지만 단점은 남들 앞에서 말하지 말아야 합니다. 가족이라도, 엄마 아빠라 하더라도 우리 아이의 외모가 이렇다 저렇다 남들 앞에서 함부로 말하는 건 좋지 않아요. 아이를 위한다면요.

초등학교 1학년 남자아이는 방에서 놀다가 거실에

서 손님들과 이야기하는 엄마 목소리를 들었습니다. "아휴, 우리 애가 뭘 잘생겼어요. 못생겼죠." 어른이 된 다음에는 엄마가 왜 그런 말을 했는지 이해했대요. 겸손이 미덕인 시절이었으니까요. 하지만 그때는 여덟 살, 비수가 날아와서 가슴에 꽂히는 것만 같았답니다.

그때부터 생각했대요. '나는 못생겼다. 우리 엄마도 그렇게 말했잖아. 나는 못생겼어.' 중학교에 올라가고 사춘기가 되고 여드름이 나면서 확신했답니다. '그래, 나는 진짜 못생겼구나.' 자신감이 떨어졌겠죠. 주눅이 들었을 겁니다. 친구들과 어울릴 때도, 수업 시간에 발표할 때도, 여자 친구를 사귀고 싶을 때도 그 생각이 자신을 지배했다니까요.

'나는 못생겼으니까. 누가 나같이 못생긴 애를!' 대학생이 되어서도 마찬가지였습니다. 졸업하면 취업을 해야 하는데 그때도 이러면 큰일이지 싶어서 콤플렉스를 고백하고 탈출하자는 프로그램에 출연 신청을 했습니다. 그렇게 용기를 냈다는 남성의 얘기에 우리는 모두 깜짝 놀랐습니다. 못생기지 않았거든요. 아니, 못생기기는커녕 요즘 말로 훈남에 가까웠습니다. 여드름 자국도 말끔하게 사라져서 피부도 매끈했고요.

방청석에 앉아 계신 어머니께 마이크를 드렸습니다. 아들의 이런 콤플렉스를 알고 계셨는지요. 어머니는 몰랐다고 했습니다. 여덟 살 아들 귀에 들리도록 그런 말을 했던 것도 기억조차 못 했지요. 한 번쯤 어머니에게 "진짜 제가 못생겼다고 생각하세요?" 물어보지 그랬냐는 질문에 아들은 말했습니다. 그러다 정말로 그렇다는 답을 들으면 마음에 상처가 클까 봐 여쭤보지 못했다고요. 어머니는 몹시 당황하며 사과했습니다. 정말 미안하다고요. 기억나지는 않지만 친구들의 칭찬에 쑥스러워서 그랬을 것 같다면서요.

이후에 어떻게 됐는지 알지는 못하지만, 아들의 마음이 한결 편해졌으리라고 짐작해봅니다. 자신감을 찾고 자아를 발견해 세상으로 나아갔을 거라고요. 무엇보다 어머니와 진심으로 화해했을 거라고요.

말의 힘은 그런 겁니다. 이렇게 말하는 순간 이렇게 되고, 저렇게 듣는 순간 저렇게 되기도 하니까요. 2022년 봄, 러시아가 우크라이나를 침공한 시기에 있었던 일입니다. 졸지에 난민이 되어 급히 고국을 떠나온 여성이 있었습니다. 갈 곳 없는 그녀를 받아주겠다는 사람이 영국 런던에 살고 있었답니다. 생과 사의 갈림길을 간신히 빠져나온 상황, 불안과 초조함에 떨던 그녀를 맞이한 런던 집주인의 첫마디는 이거였답니다. "당신의 집에 온 것을 환영합니다Welcome to YOUR HOUSE!" 그 순간, 그 한마디에 정말 내 집에 온 것처럼 마음이 편안해졌다고 난민은 고백했습니다. "언어에는 놀라운 힘이 있어요. 그렇게 말하는 순간 그렇게 되기도 하죠."

윤영호, 윤지영 씨의 인터뷰집 『우리는 침묵할 수 없다』에 나오는 이야기입니다. 이처럼 한마디 말은 생지옥을 경험한 사람에게 천국을 보여줄 수도 있고, 졸지에 누군가를 마음고생 지옥으로 밀어 넣을 수도 있습니다. 당신은 상대에게 어떤 세계를 열어주는 사람인가요.

내비게이션을 끄세요

옳은 소리라도 엄마가 하는 말은 왜 잔소리로 들릴까요. 세상에서 엄마만큼 나를 사랑하고 아끼며 속속들이 잘 아는 사람도 없는데 말입니다. 내가 듣고 싶지 않은 때에 듣기 싫은 말을 해서 그런 것이겠죠. 좀 더 정확히 말하자면 들어도 그만 안 들어도 그만인 이야기를 자꾸만 시도 때도 없이 하기 때문일 겁니다.

안 그래도 책상 정리를 지금 막 하려고 했는데, 꼭 그때 책상 좀 정리하라고 합니다. 날이 추워서 목도리를 하고 나가려고 찾는데, 딱 그 순간에 말하죠. 멋 부린다고 얇게 입지 말고 장갑이나 목도리 단단히 하라고요. 나도 알아서 할 거였는데 말입니다.

잔소리는 내비게이션과 같습니다. 잘 아는 길에서 켜놓은 내비게이션이요. 날마다 오가는 길에서는 내비게이션을 켜지 않아도 됩니다. 그럴 때 켜면 말장난의 대상이 될 뿐입니다. "500미터 앞 좌회전입니다." "그래. 네가 말 안 해도 좌회전하려고 했어." 이러면서 운전을 하니까요. 저만 그런 거 아니죠? 하지만 모르는 길을 갈 때, 초행길에서 내비게이션의 길 안내는 절대적입니다. 여기서 좌회전을 하지 않으면 1~2킬로미터 직진한 후에 유턴해서 한참 돌아와 다시 우회전해야 하니까요. 연료나 시간을 허비하지 않도록 도와주는 것이 바로 내비게이션입니다.

내비게이션은 상대가 원할 때만 켜야 합니다. 초대받지 않은 조언을 하는 건 적을 만드는 지름길이라는 말도 있거든요. 그런데 선배는, 상사는, 윗사람들은 초대한 적 없는 후배에게, 부하에게, 아랫사람에게 자꾸만 찾아와서 조언합니다. 물론 아껴서 그러는 것입니다. 잘되기를 바라니까요. 실수하거나 실패하지 않고 좀 더 빠른 길로 안전하게 가기를 바라니까 그러는 것입니다. 하지만 켜지도 않은 내비게이션이 작동하기 시작하면 그때부터는 '라떼 타임'이 되는 법입니다. "라떼는 말야."

어떻게 해야 할까요. 기다려주시면 됩니다. 언제까지? 후배가 먼저 물어볼 때까지. 엄청난 후폭풍을 가져올 만한 실수나 실패가 아니라면 기다려주시기 바랍니다. 더러는 눈물도 흘리고 때로는 한숨도 내쉬고, 그러다 스스로 깨닫고 성장할 때까지 말입니다. 가장 좋은 부모는 코치가 아니라 응원 단장이라죠. 필드에서 뛰는 건 선수 자신이니까요. 부모는 잘하면 잘한다고 환호해주고 못하면 기죽지 말라고 응원의 구호를 외쳐주면 된다는 겁니다. 후배도, 부하도, 아랫사람도 마찬가지가 아닐는지요.

자꾸만 내비게이션을 켜고 싶을 때면 한 번쯤 떠올려보세요. '꼰대력' 높았던 선배님의 얼굴, 부장님의 표정을요. 그게 바로 지금 내 얼굴이고 내 표정일 겁니다. 입 닫고 꾹 참고 자주 웃어주고, 그러다 보면 어느 날 슬며시 물어올 겁니다. "선배님, 시간 있으세요?" 그럴 때 나의 한마디는 모르는 길에서 켜놓은 내비게이션이 됩니다.

어떻게 아냐고요? 제 조카가 그랬거든요. 입사한 지 얼마 안 되어 회사 생활에 관해 토로하는데 저도 모르게 "라떼는…"을 했던 모양입니다. 한참 듣던 조카가 그러더군요. "그건 이모 때 얘기고!" 한 방 먹은 것 같았어요.

"다 너를 위해서, 너 잘되라고 하는 말이었는데." 이 말까지 입 밖으로 꺼내지는 않았어요. 그나마 다행이었지요. 그 후로는 말을 하고 싶어도 꾹 참고 무조건 조카 얘기를 들어주기만 했지요. 제 의견이나 조언을 먼저 전하지 않았습니다. 한참 시간이 흐른 후 어느 날 그러더라고요. "이모 생각은 어때?" 드디어 내비게이션을 켤 때가 되었습니다.

어떻게 해야 할까요. 기다려주시면 됩니다.

언제까지? 물어볼 때까지.

더러는 눈물도 흘리고 때로는 한숨도 내쉬고

그러다 스스로 깨닫고 성장할 때까지 말입니다.

원장님의 한마디

한마디 말의 힘, 우리도 일상에서 종종 느낍니다. 그 중 한 곳이 미용실 아닐까요. 미용 일을 하는 분들은 손님이 나간 뒤에 어디로 향하는지 주의 깊게 본답니다. 혹시나 화장실로 향하는지 말이죠. 머리가 마음에 안 들면 자세히 거울을 보러 화장실로 직행하는 사람이 많기 때문이랍니다. 머리를 다듬어준 미용사에게 대놓고 말은 못 하지만 거울을 보면서 속상했던 기억, 누구에게나 한 번쯤 있지 않나요.

물론 직접 말하는 사람도 있는 모양입니다. "앞머리가 너무 길지 않아요?" 원장님이 이렇게 답을 합니다. "앞머리가 눈썹을 살짝 가려줘야 분위기 있어 보여요. 손님은 지적인 느낌인데, 지금 길이가 그 분위기를 더 살려주거든요."

이렇게 말하는 손님도 있네요. "머리카락이 너무 짧잖아요." 원장님의 답변은 뭘까요. "머리카락이 짧으니까 산뜻해서 발랄한 느낌도 들고 어려 보이시는데요."

시간이 불만입니다. "다음에는 커트하는 시간을 좀 더 줄여주셨으면 좋겠어요." 원장님의 말, 궁금하시죠. "단골손님이라서 특별히 신경 써드렸어요. 일단 저희 가게에 들어오셨으니 나가실 땐 멋쟁이 머리로 나가셔야죠."

시간이 예상보다 너무 짧다고 느끼는 사람도 있겠죠. "20분 만에 커트랑 샴푸를 다 마치다니, 동작 한번 빠르시네요." 우리의 원장님, 이렇게 받았습니다. "요즘은 시간이 돈이잖아요. 최고의 실력은 속전속결로 고객님의 시간과 돈을 벌어드리는 거랍니다. 일찍 끝나니까 좋으시죠?"

상대의 마음을 공략하여 원하는 상황으로 바꾸는 것, 이것이 바로 설득이라고 『하버드 말하기 수업』이라는 책에서 주장합니다. 말로 해결할 수 없는 문제는 없다면서요.

우리의 원장님, 정말 말을 잘하시죠. 나도 저렇게 임기응변이 뛰어나면 좋겠다며 부러워하는 분도 있을 테고, 말만 번지르르하게 잘하는 건 믿음직스럽지 않다며 눈살을 찌푸리는 분도 있을 테지요. 하지만 어떤 순간에도 말로써 상황을 부드럽게 만드는 사람들이 있습니다.

그런 사람들은 상대의 마음을 잘 알아주는 것 아닐까요. 앞머리가 너무 길다는 손님은 앞머리를 좀 더 잘라주기를 원할 수도 있지만, 다른 사람들이 나의 앞머리를 어떻게 생각할지 궁금할 수도 있습니다. 그럴 때 이미지를 언급하면서 이 길이가 잘 어울린다고 말해주는 겁니다. 상대의 말에 귀를 기울이면서 왜 그렇게 말을 하는지 텍스트보다는 콘텍스트, 단어보다는 맥락에 신경 쓰는 겁니다. 상대의 마음을 헤아리는 거죠.

그렇지 않다면 이런 글이 SNS에서 인기를 얻지도 않

았겠지요. 한 수업에서 각자 자기 단점을 쓴 롤링 페이퍼를 돌려서 다른 학생들이 단점을 장점으로 바꿔 적어주는 활동을 했대요. 단점이 장점으로 이렇게 바뀌었답니다.

"나는 모든 걸 미룬다." ⇒ "죽는 날도 미뤄보자!"

"나는 다리를 늘 꼬고 있다." ⇒ "네 덕분에 정형외과가 돈을 버네."

"물건을 자주 잃어버린다." ⇒ "많은 사람의 생계를 네가 책임지는구나."

"나는 잠이 많다." ⇒ "네 피부가 그래서 좋구나."

"나는 너무 충동적이다." ⇒ "화끈하네."

"나는 방 청소를 안 한다." ⇒ "방에서 보물찾기할 수 있어서 재밌겠다."

"나는 돈을 아낄 줄 모른다." ⇒ "와, 너 돈 많구나. 나랑 친구 할래?"

여러분이 롤링 페이퍼를 받았다면 무엇부터 고민할 것 같으세요. 그렇지요, 자신의 단점을 솔직하게 털어놓은 사람이 내가 쓴 글을 보고 어떤 생각을 할까, 이것부터 떠올릴 겁니다. 단점을 장점으로 바꿔주면 이 사람이 얼마나 힘이 날까, 이것을 놓치지 않을 겁니다. 남이 써준 글 덕분에 자신의 단점이 장점으로 바뀌는 경험도 하게 될 테니까요. 롤링 페이퍼에 댓글 다는 심정으로 말을 해보세요.

상대의 마음을 헤아리는 말을 하고, 맥락을 이해하며 상황에 맞게 말을 하는 사람은 감성지수가 높은 사람일 겁니다. 지능지수보다는 감성 지능, 공감지수가 높은 사람이 현대에는 어울린다고 하죠. 공감을 뜻하는 영어 단어 sympathy는 '함께'라는 의미의 'sym'과 '감정'이라는 의미의 'pathos'가 결합한 단어라고 합니다. 감정을 함께 느끼고 그 사람 입장이 되어 생각하며 말하기. 당신도 할 수 있습니다.

부장님 증후군

"오늘도 부장님 때문에 스트레스 받아요. 왜 한번 말하면 못 알아듣냐며 화를 내십니다. 제가 정말 무능한 걸까요." 퇴근길 생방송으로 라디오 프로그램 <사랑하기 좋은 날 이금희입니다>를 진행하면서 직장 생활의 고충을 호소하는 사연을 자주 접합니다. 상사 스트레스, 좀 더 자세히 말하자면 상사가 하는 말에 상처 받는 분들이 많습니다. 이런 사연에 제가 붙인 이름은 '부장님 증후군'입니다. 부장님들께는 죄송하지만 어쩔 수가 없네요.

부장님도 답답하시겠죠. 왜 단번에 못 알아듣는지. 직장의 업무가 날마다 새롭고 때마다 색다른 게 아니죠. 각자 혹은 각 부서 담당 업무의 범위와 내용은 비슷하기 마련입니다. 그런데 왜 부장님은 답답해하고 우리는 못 알아들어 속상한 걸까요. 이유는 한 가지. 부장님이 제일 중요한 것을 빠뜨렸기 때문입니다.

누가 듣느냐.
누구에게 말을 하느냐.

말하기에서 제일 중요한 것은 청자입니다. 화자가 아닙니다. 말하는 사람이 아니라 듣는 사람이 중요하죠. 말하기란 '내(화자)가 상대(청자·청중)에게 무엇(메시지)을 전달하여 이해시키는 것'이지요. 여기서 가장 중요한 것은 바로 상대(청자·청중)의 이해입니다. 부장님이 놓친 것도 바로 이 부분이고요.

학교에서 강의하던 시절, 코로나19로 비대면 수업을 하면서 학생들에게 매주 녹음 과제를 내줬습니다. "꿈이라는 주제로 1분짜리 스피치를 하세요. 대상은 여러분이 졸업한 초등학교의 후배들, 현재 6학년인 학생들입니다." 학생들은 어린 후배들에게 대학생 선배로서 이런저런 좋은 이야기를 합니다. 다음 주에는 이런 과제를 줍니다. "꿈이라는 주제로 1분짜리 스피치를 하세요. 대상은 이번에 우리 대학에 들어온 새내기들입니다." 그럼 그때 알게 되죠. 아하, 같은 주제로 말을 해도 듣는 사람에 따라 다르게 해야 하는구나.

우리의 부장님은 그걸 모르셨네요. 부장님은 자신(화자)만 생각하고 말을 했을 것입니다. 그럼 당연히 직원(청자)은 못 알아듣지요. 같은 업무에 관해 말(업무 지시)을 한다 해도 부장님과 직원이 가진 정보의 양과 질은 다릅니다. 부장님이 부서장 회의, 다른 직원들의 보고를 통해 전체 업무의 100퍼센트를 알고 있다고 해봅시다. 직원은 자신이 담당하는 부분, 즉 일부만 알고 있을 겁니다. 업무 전체를 공개하고 공유하는 분위기가 조성되기 전에는요. 그러니 100을 아는 사람이 50이나 70을 얘기하면 10 정도만 아는 사람은 아예 이해조차 할 수 없고 '한 번에 알아듣지 못하는' 겁니다.

꿈이라는 주제로 말을 할 때도 초등학교 6학년이 대상인지, 대학 새내기에게 들려줄 이야기인지 구분해야 합니다. 부장님이 업무 지시를 내릴 때도 마찬가지입니다. '누구'에게 하는 말인지 생각하셔야 합니다. 팀장에게 할 말을 팀원에게 한다면 알아들을 수가 없습니다. 그러니 부장님의 말을 단번에 알아듣지 못하는 '나'는 무능한 게 아닙니다. 부장님이 바뀌어야 합니다.

우리도 부장님과 같은 실수를 저지르지 않으려면 말을 할 때 꼭 생각해야 합니다. '지금 내가 하는 말을 듣는 사람은 누구인가?'

부장님은 업무를 지시할 직원만 생각하며 말을 하면 될까요. 그럼 콩떡같이 말해도 찰떡같이 알아들을까요. 글쎄요. 저에게 묻는다면 이제 시작이라고 말하고 싶습니다. '말을 할 때는 누가 듣는지부터 생각해야지'라고 마음먹은 후에는 그 사람에게 '어떻게' 말을 해야 잘 알아들을지 고민해보는 겁니다.

부장님뿐만이 아닙니다. 직원들도 말을 잘해야 하는 경우가 있잖아요. 3개월 동안 준비한 우리 팀 프로젝트를 임원들 앞에서 발표해야 할 때라든지요. 직원에게 말을 해야 하는 부장님보다는 임원들 앞에서 발표해야 하는 직원이나 수업 시간에 발표를 해야 하는 학생이 더 많을 테니 '발표'를 생각해보겠습니다.

우선 이것이 엄청나게 부담스러운 상황이라는 점을 짚어봅시다. 보통 사람들이 죽음보다 두렵다고 하는 것이 남들 앞에서 말하기라고 합니다. 어느 정도로 두렵고 싫으냐. "장례식에 참석해서 조사弔詞를 하느니, 관에 들어가 있는 게 낫다"라는 말을 한 사람이 있을 정도로요. 제리 사인펠드라는 미국의 유명한 희극인이자 작가인데요. 아시죠, 미국의 장례식 문화. 할리우드 영화나 미국 드라마를 보면 나오잖아요. 고인의 친구나 가족이 장례식에 참석한 분들에게 감사를 표하고 자신과 고인의 인연을 이야기하면서 추모합니다. 멋진 조사는 슬프고 눈물이 나는데 웃기기까지 하지 않습니까. 그렇게 남들 앞에서 말하는 상황이 얼마나 부담되고 싫었으면 차라리 죽는 게 낫다고 할까요.

그러니 발표를 앞두고 엄청난 부담을 느끼는 것은

아주 자연스러운 현상입니다. 학교에서 수업할 때도 확인할 수 있어요. 조별 과제를 내주면 제일 먼저 누가 뭘 맡느냐 조원들끼리 의논을 하죠. 그때 제일 먼저 하겠다고 너도나도 손을 드는 게 바로 자료 조사입니다. 다음이 PPT 등 발표 도구 제작, 맨 마지막이 발표지요. 그만큼 발표가 하기 싫다는 뜻일 겁니다.

물론 제 수업은 말하기, 특히 공적인 말하기Public Speech 수업이니 모든 팀원이 자료 조사도 나누어서 하고, 발표 도구 제작도 함께하고, 앞에 나와서 발표할 때도 다 같이 하도록 했습니다. 그렇게 해야 하는 이유를 이렇게 설명했습니다.

"앞에 나와서 발표하는 게 싫죠? 몇 사람 말고는 부담스러울 겁니다. 하지만 싫다고 계속 피하면 어떻게 되겠어요? 안 하면 못하고, 못하면 안 하게 됩니다. 평생 단 한 번도 남들 앞에서 말을 안 하고 살 수 있다면 괜찮겠지만, 그러기는 힘들 겁니다. 앞으로 면접을 보든 발표를 하든 할 테니까요. 그렇다면 지금 연습하고 노력하면 어떨까요. 학교 졸업하고 사회에 나가면 누가 따로 가르쳐주지도 않고 배우기도 어려워요. 지금 저와 함께 시작해서 이번 학기 끝날 때쯤 자신 있게 발표할 수 있게 해봅시다."

누구에게나 말과 발표는 부담스럽습니다. 나뿐만 아니라 남들도 그러니 위안이 될까요. 조금 더 위안을 드리자면 이렇습니다. 준비하고 연습하고 노력하면 기본적인 말하기는 누구나 어렵지 않게 할 수 있습니다. 발표 또한 마찬가지고요. 이것만 놓치지 않으면 됩니다.

누가 듣느냐.
누구에게 말을 하느냐.

말하기에서 중요한 것은 화자가 아니라 청자입니다.

쉬엄쉬엄, 꾸준히

토끼와 거북이가 둘이서 경주를 합니다. 엄청나게 속도 차이가 나죠. 중간에 잠들지 않으면 당연히 토끼 승! 그러니까 토끼는 컨디션 관리 잘해야죠. 그 전날 넷플릭스 드라마 여덟 편 이어서 보느라 밤새우고 그러면 안 됩니다. 참, 그 얘기가 아니었죠.

토끼와 거북이가 경주하는 게 아니라 둘이 나란히 간다면 어떨까요? 속도 차이가 엄청나게 날 텐데, 누가 누구에게 맞춰야 할까요? 첫째, 토끼가 거북이한테 맞춘다. 둘째, 거북이가 토끼한테 맞춘다. 셋째는 제3의 방안으로, 토끼는 속도를 반으로 줄이고 거북이는 속도를 두 배로 낸다. 그러면 둘이 나란히 같이 갈 수 있다. 어느 것이 정답일까요?

우선 3번은 땡! 이건 아니라고 합니다. 토끼는 속도

를 늦출 수 있지만, 거북이는 속도를 높일 수 없다는 거죠. 빠르게 움직일 수 있다면 왜 거북이가 그렇게 느리게 가겠습니까. 반면에 토끼는 원래 빠르게 뛰지만, 속도를 늦출 수는 있잖아요. 그러니까 토끼에게 속도를 반으로 줄이라고 하는 건 가능하지만, 거북이에게 속도를 두 배로 올리라고 하는 건 불가능한 해결책이라는 겁니다. 그럼 2번도 땡이니까, 정답은 1번이네요. 그럴 때는 전적으로 토끼가 속도를 맞추어야만 나란히 갈 수 있다고 합니다.

이 말을 들은 거북이들은 “야호!” 환호할지도 모릅니다. 드디어 우리를 제대로 알아주는구나, 하면서 말이죠. 반면에 토끼들은 고개를 갸웃! 하겠지요. ‘아니, 거북이들은 천년만년 거북이로만 살 건가?’ 미안하지만 그게 정답일지도 모르겠어요. ‘그럼 나는 토끼로 태어났다는 이유만으로 평생 거북이에게 맞춰줘야 한다는 건가?’ 다시 한번 미안하지만 그건 정답이 아닐 거예요.

20대 80 법칙, 들어본 적 있으신가요? 즐겨 입는 옷의 80퍼센트는 옷장에 걸린 옷의 20퍼센트다. 백화점 하루 매상 중 80퍼센트는 그 백화점 단골인 20퍼센트 손님이 올린다. 근면하게 일하는 개미는 20퍼센트에 불과하고, 이들이 나머지 80퍼센트 개미들을 이끌어나간다. 이런 거요.

토끼 당신은 지금 이 달리기에서 20에 속하는 거예요. 그러니 답답하고 속이 터져도 80인 거북이를 이끌면서 속도 맞춰 함께 가는 수밖에요. 그런데 인생이 꼭 그렇지만은 않더라고요. 토끼나 거북이의 생도 그럴 거예요. 지금 이 들판에서는 토끼 당신이 유리하지만, 바닷속에서 달려야 한다고 가정해봅시다. 상상조차 할 수 없겠지요. 벌써 숨이 턱 막히는 것 같지 않나요. 바닷속에서 달리기, 아니 헤엄치기를 한다면 거북이가 20, 당신이 80일 거예요. 거북이가 당신을 등에 업고 천천히, 하지만 안정적으로 헤엄치며 가겠지요.

그러니 이 들판에서는 당신이 좀 힘들어도, 기다리

기 지루해도 참아줘요. 기다렸다 같이 가고 속도 맞춰 함께 움직여줘요. 언젠가 바다에 가게 될 날을 생각하면서 말이에요. 그럴 리가 없다고요? 평생 당신은 들판에서만 뛰어다닐 거라고요? 바다 같은 데는 아예 쳐다보지도 않을 거라고요? 그럴 수도 있겠지요. 하지만 세월이 그렇게 두지는 않을 겁니다.

세월이 흐르면 토끼 당신이든 당신보다 훨씬 더 빨리 뛰는 얼룩말이든 모두 노인이 된답니다. 노인은 누구나 80이 될 수밖에 없어요. 그 전까지 20으로서 열심히 살아오고 다른 이들을 이끌어온 덕분에, 이제 20이 된 젊은 세대가 80이 되어버린 당신을 이끌어줄 거예요. 세상은 그런 겁니다.

그러니 토끼 당신, 거북이를 데리고 경주 같은 거 하지 말고 함께 가면 어떨까요. 불평불만 접어두고 걸어가봅시다. 쉬엄쉬엄, 그렇지만 꾸준히.

그러니 이 들판에서는 당신이 좀 힘들어도
기다리기 지루해도 참아줘요.
기다렸다 같이 가고 속도 맞춰 함께 움직여줘요.
언젠가 바다에 가게 될 날을 생각하면서 말이에요.

말을 이해한다는 건 기적과도 같은 일

우리는 다른 나라 사람과 같은 집에 살고 있는지도 모릅니다.

우리가 해줄 일은 이것 하나밖에 없는지도 몰라요.

그 사람의 상황에 맞는 따뜻한 말 한마디.

잊지 마세요. 내가 아니라 그 사람이 기준입니다.

우리는 다른 나라 사람과 같은 집에 산다

언어에 관심 있는 제가 2022년 개봉 영화 중 가장 흥미롭게 본 작품은 박찬욱 감독의 <헤어질 결심>이었습니다. 남녀 주인공은 서로 다른 언어를 씁니다. 박해일이 맡은 장해준은 한국어, 탕웨이가 연기한 송서래는 중국어로 말하며 더러 서툰 한국어를 구사합니다. 그런데 두 사람은 서로 깊이 이해하고 진심으로 사랑합니다. 의사소통이 완벽하게 이루어지지 않은 상태에서 두 사람은 어떻게 준비하고 연기했을까. 박해일의 인터뷰에서 어느 정도 궁금증이 풀렸어요.

"서래는 중국인인데 한국어가 부족한 캐릭터로 나오잖아요. 탕웨이 씨가 촬영 들어가기 전에 장해준의 한국어 대사를 녹음해달라고 저에게 부탁해왔어요. 저 역시 중국어로 말하는 서래의 대사를 녹음해달라고 부탁했고요. 이런 과정이 서로의 역할에 대한 감을 잡는

데 큰 도움이 됐던 것 같습니다."

그러면서 한국어에 서툰 상대 역할과의 소통을 이렇게 표현합니다. "서래가 쓰는 한국말은 구어체라기보다는 문어체에 가깝죠. '마침내, 단일한' 같은 말을 우리는 잘 쓰지 않잖아요. 우리가 잘 쓰지는 않지만 좋은 표현을 다른 문화권 사람이 쓰니 독특한 느낌을 주죠. 감독님은 이걸 영화의 무드로 생각하신 듯했어요. 같은 언어를 쓰더라도 오해가 생기기 마련인데, 이런 점이 우리 영화의 차별화된 재미를 전한다고 생각해요."

이쯤 되면 같은 한국어를 쓰는 우리는 서로 완벽하게 이해하고 있나, 의구심을 갖게 됩니다. 결혼으로 인해 이주한 외국인 사위, 며느리와 아주 잘 지내는 한국인 어머니들 이야기를 들은 적이 있습니다. '내 말을 잘 알아듣지 못하겠지'라고 생각하면서 말을 좀 더 천천히 하거나 단어를 반복해서 얘기하신다고 해요. 어쩌면 서로가 상대방이 하는 말을 알아듣지 못하기에 오히려 잘 지낼 수 있는 것 같습니다.

"우리 집에는 외계인이 살아." 괴로운 표정으로 말하는 후배를 본 적이 있습니다. 사춘기를 호되게 겪고 있는 아들이 외계인으로 보인다는 푸념이었죠. 외계인이라도, 외국인이라도 마음만 먹으면 소통할 수 있는데 같은 한국인들끼리는 그게 참 어렵죠. '한국어로 말하는데, 오랫동안 한솥밥 먹으며 살아왔는데 당연히 내 말을 알아듣겠지.' 누구나 그렇게 생각할 테니까요.

하지만 이미 머리가 굵은 아이와 물 흐르듯이 소통하는 건 당연한 일이 아닐 겁니다. 아이를 낳고 키웠지만, 마음과 생각과 경험과 감정까지 공유할 수는 없을 테니까요. 누군가 이런 말을 했습니다. "나는 우리 아들딸이 다른 나라 사람이라고 여겨요. 국민소득으로 따지면 개발도상국 시절에 자라난 나하고, 대한민국이 선진국이 된 후에 태어나 자란 우리 아이하고 어떻게 같은 나라 사람이겠어요. 서로 다른 나라 사람이지."

그래요. 우리는 다른 나라 사람과 같은 집에 살고 있는지도 모릅니다. 그러니 내 말을 못 알아들어도 당연하다 여기고 어쩌다 알아들으면 작은 기적이라고 여겨 보면 어떨까요. 그런 마음에서 서로에 대한 이해의 싹이 트기 시작할 겁니다.

진심으로 아끼고 사랑하는 사람이 있다면 들어주세요.
시간을 내고, 마음을 열고, 그저 이야기를 들어만 주세요.
놀랍도록 가까워졌음을 느끼게 될 겁니다.

이름을 물어볼까요

처음 만난 사람과 어색한 시간을 보내야 할 때, 피할 수만 있다면 피하고 싶을 만큼 이런 순간은 참 불편하지요. 그럴 때면 어떻게 해야 할까요. 저도 간혹 행사 사회를 보거나 강연을 하러 먼 곳으로 갈 때가 있어요. 고맙게도 기차역까지 마중을 나와주시기도 합니다. 개찰구 앞에서 만나든 주차장에서 만나든 그분 차에 타서 목적지까지 가야 하는 겁니다. 살갑고 친절한 분이 나오시면 편합니다. 알아서 먼저 인사를 건네고 말씀도 하시거든요. 추임새만 조금 넣어드리면 지난달 강연에는 어떤 분이 오셨는지, 그때 분위기는 어땠는지 이런저런 정보도 얻을 수 있죠.

그런데 말씀이 없는 분도 간혹 만나게 됩니다. "어서 오세요. 어디 어디에서 나왔습니다. 타시죠" 하고는 아무 말도 하지 않는 분이요. 말없이 가는 게 편해서 그러는 걸 수도 있지만, 어색해서일 수도 있겠죠. 그럴 때 저는 차가 신호에 멈추기를 기다렸다가 제 얘기를 합니다. 주로 그 지역과 관련해서죠. "5년 전쯤에 여기서 온종일 촬영을 한 적이 있어요. 그때는 KTX 역이 따로 없었는데, 언제 생겼나요?"

다행히 거리가 멀지 않아 강연장에 도착했습니다. 그분은 꾸벅 인사를 한 후 떠나시고 저를 담당하는 직원이 옆에 계십니다. 대기실도 안내해주고 필요한 게 있으면 언제든 말하라며 친절하게 대해주십니다. 그런데 대기실에 계속 같이 계시는 겁니다. 화장실도 다녀오고, 손을 씻고 핸드크림도 바르고, 거울 보며 화장도 고치고 싶은데 말이지요. 강연 내용도 점검하고 싶은데 계속 함께 계시네요. 어떻게 해야 할까 망설이다가 아까 그 얘기를 또 꺼내봅니다.

"5년 전쯤에 여기서 온종일 촬영을 한 적이 있어요. 그때는 KTX 역이 따로 없었는데, 언제 생겼나요?" 간단한 답변을 들었습니다. 그러고는 다시 어색한 침묵.

이럴 때는 이름을 화제로 올려보라는 이야기가 퍼뜩 떠올랐습니다. 서양에서는 이름을 지을 때 뜻을 생각하기보다는 유명인이나 할머니 혹은 할아버지 이름을 따서 짓는 경우가 많지만, 동양은 그렇지 않잖아요. 유교 문화권인 중국과 우리나라에서는 이름에 뜻이 담겨 있는 경우가 많습니다. 그러니 이름을 자연스레 화제 삼아보라는 겁니다.

“이름이 참 예쁘네요. 한글 이름이지요? 누가 지어주셨어요?” 이름의 뜻도 물어보고, 형제자매도 한글 이름을 쓰는지 물어보고, 제 얘기도 조금 해봅니다. “저는 한자 이름에 비단 금, 여자 희 자를 씁니다. 비단 같은 여자가 되라는 의미로 아버지가 지어주셨대요. 이름이 좀 촌스러워서 그런지 예쁜 이름, 한글 이름을 보면 부럽더라고요.” 다행입니다. 3~4분은 훌쩍 지난 것 같아요.

이때 주의할 점이 있답니다. “제가 아는 누구누구랑 이름이 같아요!” 이런 말은 하지 않는 게 좋답니다. 특히 흔한 이름을 가진 분에게는 말입니다. <또 오해영>이라는 드라마도 있었지만, 한 반에 이름이 같은 친구가 여러 명이었을 때 1번, 2번, 3번으로 불리거나 A, B, C로 불린 경험이 유쾌한 기억일 리는 없잖아요.

"사람에게 이름은 고유함과 내밀함을 훼손하지 않는 마지막 것, 동명이인이 있다 해도 바뀌지 않는 것"이라는 글을 쓴 시인도 있거든요. 새로운 별을 발견하거나 법칙을 찾아낸 사람도 자기 이름을 붙입니다. 그만큼 이름에는 각별한 의미가 있죠.

초면에 이름 이야기를 하면 어떻겠냐는 얘기를 제가 운영하는 유튜브 채널 <마이금희>에서 한 적이 있습니다. 공감한다는 분이 많았지만, 어떤 분은 별로 좋은 방법이 아닌 것 같다고도 하셨어요. 너무 친밀한 정보를 제공해야 하기에 부담스러울 수 있다면서요. 친밀감이나 부담감은 사람마다 다르게 느끼니 그럴 수도 있겠구나 싶었어요.

이름을 물어보라는 이야기는 『머릿속 생각을 제대로 말하는 법』이라는 책에 나옵니다. 중국에서 베스트셀러였다죠. 초면에 수인사가 어려운 건 우리나 중국이나 마찬가지인가 봅니다.

어색한 시간이 예상되는 순간, 먼저 말을 붙여보세요. "저, 명함 하나 주시겠어요?"

위로는 한 박자 늦게

말이라는 건 참 어렵습니다. 말로 마음을 달래는 건 훨씬 더 어렵습니다. 게다가 위로는 언제나 어설플 수밖에 없습니다. 나와 남이 다르기 때문이죠. 아무리 사랑한다 하더라도 그 사람 마음을 100퍼센트 알 수는 없잖아요.

직업 덕에 종종 유명세를 치르는 사람을 곁에서 봅니다. '유명'이란 '이름이 나다'라는 뜻이지요. 그 뒤에 '세금'이 붙는 것이 바로 유명세입니다. 지금은 포털 사이트 연예 뉴스와 스포츠 기사 밑에 댓글을 쓸 수가 없지만 여전히 포털 사이트 동영상 클립이나 유튜브 동영상에는 댓글을 달 수 있습니다. 그중에는 이유 없는 비난이나 욕설이 들어 있기도 합니다. 그것이 유명세입니다.

유명세는 대개 안 좋은 일이 있을 때 치르게 되는데 그럴 때 "괜찮아?"라고 물어보는 건 현명한 일이 아닌 것 같습니다. 견디기 어려운 상황을 간신히 버티던 후배한테 들은 말입니다. "사람들이 괜찮냐고 톡으로든 문자로든 물어보지 않았으면 좋겠어요. 내가 안 괜찮을 거라는 건 그 사람도 알지 않겠어요? 근데도 그렇게 물으면 뭐라고 할 말이 없어요. 괜찮다고 하자니 거짓말이고, 안 괜찮다고 하자니 설명이 길어질 것 같고."

"괜찮아" 뒤에 물음표가 붙을 상황이라면 굳이 그 말을 입 밖으로 꺼내지 맙시다. 괜찮아 뒤에는 느낌표만 붙이면 어떨까요. 스스로 격려하고 위로하는 마음을 표현할 때 말이죠. "괜찮아!" 내가 나에게 그런 말을 하는 건 그야말로 '괜찮습니다.'

그렇다면 위로는 어떻게 하는 것이 좋을까요. 한 박자 늦추는 것을 제안해봅니다. 당장 톡이나 문자메시지를 보내고 싶겠지만 한 호흡 쉬는 거죠.

18년 넘게 진행하던 아침 프로그램을 그만둔다는 기사가 나던 날과 그만두던 날, 제 휴대전화에 문자메시지가 쏟아졌어요. 줄잡아 3~400개는 됐을 겁니다. 2G 폰을 쓰던 터라 메시지 보관함을 바로바로 비워야 했습니다. 100개가 넘으면 문자를 못 받았거든요. 답장을 보내자마자 지우기 바빴죠. 지금처럼 스마트폰을 썼다면 고마운 마음을 오래 간직했을 텐데요. 일일이 기억도 못 할 만큼 위로와 격려를 보내준 분들에게 뒤늦게나마 고마웠다는 인사를 한 번 더 드립니다.

그런데 다음 날 늦은 오후에 연락한 분들이 있었습니다. 배려를 해주신 것이죠. 어제 얼마나 많은 연락을 받았을까, 생각하셨겠죠. 이틀 뒤나 사흘 뒤에 연락해 온 분도 계셨어요. 그런 문자는 대개 이렇게 시작했습니다.

“안녕하세요, OOO입니다. 소식을 듣고 바로 연락하려다 얼마나 많은 분에게 문자가 올까 싶어 일부러 며칠 기다렸다 보냅니다.” 사려 깊은 분들이었고, 고마운 마음이 더 커졌습니다.

위로의 말은 한 박자 늦어져도 좋습니다. 아니, 늦어지는 게 낫습니다. 저도 그분들에게 배워서 안 좋은 일을 겪은 사람에게는 하루 이틀쯤 기다렸다가, 수많은 문자 세례로부터 해방되었을 무렵 문자를 보냅니다.

“이금희입니다. 안녕하지 못하실 것 같아 의례적인 인사도 못 쓰겠네요. 마음 많이 아프셨지요.” 제 위로의 말은 이렇게 시작합니다.

"이금희입니다.

안녕하지 못하실 것 같아 의례적인 인사도 못 쓰겠네요.

마음 많이 아프셨지요."

위로의 말은 한 박자 늦어져도 좋습니다.

아니, 늦어지는 게 낫습니다.

무조건 네 편이야

말 그대로 '나쁜 남자'를 좋아하고 있을 때였어요. 마음이 내키면 만나서 데이트도 하고 즐겁게 지내지만, 이유도 없이 마음이 틀어지면 연락조차 안 되는 남자. 걱정만 시키고 애만 태우더니 이별도 결국 최악이라는 '잠수 이별'을 택한 남자.

저만 몰랐나 봐요. 그가 나쁜 남자라는 걸. 그래서 주위 사람들이 다들 말릴 때 서운하기만 했죠. 왜 내 연애를 참견할까. 내가 좋다는데, 내가 좋아하는 사람인데. 애태우고 속 썩는 사람도 나고 좋아하는 것도 난데, 왜 다들 헤어지라고 하는 거지? 그땐 몰랐습니다. 헤어지고도 한참 후에야 알게 되었어요. '그 사람은 나쁜 남자였구나. 다른 사람들 눈에는 그게 다 보였구나.'

그렇게 연애를 하면서 힘들어할 때, 유일하게 제 편

을 들어준 선배가 있었습니다. 어느 날 훌쩍거리는 저에게 그러더군요. "네가 세상에서 제일 나쁜 놈을 사귀어도 나는 무조건 네 편이야!"

그 한마디가 얼마나 든든하던지요. 누군가를 믿어주는 건 그런 건가 봅니다. 연애든 일이든 그러지 않으면 좋겠다 싶은 행동을 하더라도 그 사람 편이 되어주는 것. 도시락 싸 들고 따라다니면서 말리고 싶지만, 꾹 참아주는 것. 그렇게 믿어주면 언젠가 그 사람이 정신 차리는 날이 올 겁니다. 고마워하고 미안해하면서 관계가 돈독해지는 거죠.

저도 따라 해본 적이 있었어요. 멀쩡한 직장을 다니던 후배가 해보고 싶었던 공부가 있다며 뒤늦게 유학길에 올랐습니다. 학위를 받고 돌아온 후배는, 대학 강단이 아닌 현장에서 일하기를 원했죠. 수십 통의 이력서를 써봐도 연락 오는 곳이 없었습니다. 학력은 높은데 경력은 없고 나이는 많은 신입사원을 어느 회사에서 반기겠어요. 딱 한 군데에서 연락이 오기는 했어요.

최저임금도 안 되는 월급밖에 못 주지만 대신 경력을 쌓을 수는 있다고요.

후배는 고민했어요. 말도 안 되는 보수를 받더라도 하고 싶은 일을 위해서 경력을 쌓아야 할지 아니면 현실과 타협해야 할지. 꿈을 좇아야 할지 하고 싶지 않은 일이라도 적당한 자리를 찾아야 할지. 말로는 고민된다고 했지만 후배 표정은 아니었어요. 생계만 꾸릴 수 있다면 하고 싶은 일을 하겠다는 의지가 엿보였습니다.

토크쇼를 18년 넘게 하면서 제가 배운 한 가지. 표정은 거짓말을 하지 않는다는 거였어요. 사람의 입술은 거짓을 말할 수 있어도 표정은 속이지 못해요. 행복하다고 말하는 입술을 믿지 말고 행복해서 저절로 웃음 짓는 표정을 믿어야 하더라고요.

그래서 후배에게 이렇게 말했어요. "너 하고 싶은 거 해! 밥해 먹을 쌀 없으면 라면 먹자. 한 달에 한 상자씩, 내가 1년에 라면 열두 상자 보내줄게!" 후배는 피식 웃었습니다. 어떻게 됐느냐고요? 이 악물고 힘든 조건에서 경력을 열심히 쌓은 후배는 마침내 원하던 회사로 이직했습니다. 학력과 경력에 뜨거운 열정을 간직한 제 후배보다 더 나은 사람은 없었으니까요.

“우리 스타 하고 싶은 거 다 해!” 사랑하는 스타에게 팬이 하는 말이기도 하죠. 괜히 그러는 게 아닙니다. 이 말 한번 들어보세요. 얼마나 든든한지 모릅니다. 이 말 한번 해보세요. 얼마나 가까워지는지 모를 겁니다.

사람의 입술은 거짓을 말할 수 있어도
표정은 속이지 못해요.
행복하다고 말하는 입술을 믿지 말고
행복해서 저절로 웃음 짓는 표정을 믿어야 하더라고요.

뒤가 더 중요해

가까워지는 데도 말이 큰 몫을 하지만 멀어지는 데도 말이 결정적 역할을 합니다. 그 경험은 차차 털어놓고 먼저 아침 생방송을 진행할 때 기억부터 얘기할게요. '짠돌이 짠순이' 편에 출연한 분이 그러시더군요. 전화로 통화를 하면 끝인사를 하자마자 종료 버튼을 누른다고요. 지금처럼 문자나 톡을 주고받기보다 전화 통화하는 사람이 더 많고 통화 무제한 요금제도 없던 때였지요. 1초라도 빨리 끊어야 요금이 덜 나온다고 했습니다.

전화 요금은 절약되겠지만 야박해 보일 것 같았습니다. 저는 예전처럼 정이 느껴지는 끝인사를 좋아하거든요. "먼저 들어가세요." "먼저 끊으세요." 이렇게 인사를 주고받다가 마지못해 한쪽에서 종료 버튼을 누르는 거 말이에요. 마치 동구 밖까지 배웅 나와서 떠나는 사람이 탄 차가 보이지 않을 때까지 손 흔들어주는 고향 식구 같은 작별 인사라고나 할까요. 용건이 끝났다고 툭 끊어버린다면 저로서는 삭막할 것 같습니다. 그래서 통화가 끝난 뒤 상대가 끊을 때까지 좀 기다리는 편입니다. 그래봐야 1초나 2초니까요.

딱 한 번 이런 습관을 후회한 적이 있었습니다. 말 때문에 마음이 멀어진 바로 그 사건이 발생했거든요. 함께 일하던 팀 제작진이 주말에 연락을 해 왔습니다. 다음 주 작업이 끝난 후에 소소한 일을 해달라는 부탁이었어요. 그리 오래 걸릴 것 같지는 않았지만, 업무 후의 일과라서 시간을 따로 내야 하는 처지였습니다. 마뜩잖았지만 서로 상황을 조율하고 통화를 마쳤습니다. 평소 하던 대로 종료 버튼을 누르지 않고 기다리던 제 귀에 제작진끼리 대화하는 소리가 들려왔습니다.

순간 당황했습니다. '어떻게 해야 하나.' 끊을까도 했지만 궁금하기도 했거든요. 저의 반응을 묻는 다른 제작진에게 통화를 마친 제작진이 대답하는데 존중이라고는 전혀 없는 태도였습니다. 여기에 일일이 옮기기 민망할 정도로 함부로 말하는 대화 내용을 본의 아니게 몇 초간 듣게 되었습니다. '만나서 일할 때는 그렇게 친절하더니 본모습은 그게 아니었구나.' 실망했습니다. 하긴 뭐 없는 데선 임금님 욕도 한다는데 저를 두고도 그럴 수는 있겠죠. 하지만 한번 무너진 신뢰는 회복되지 못했고, 1년이 지난 후 저는 다른 핑계를 대며 다음 시즌에 합류하지 않았습니다.

전화 통화뿐만이 아닙니다. 문자메시지나 톡을 잘못 보내 식겁한 적 있으시죠. 단톡방이 아니라 개인 톡인 줄 알고, 선배가 아니라 친구인 줄 알고 말입니다. 저도 그런 적이 있습니다. 깨닫는 순간 도리가 없죠. 얼른 죄송하다는 문자나 톡을 보내는 수밖에요. "죄송합니다. 톡이 잘못 갔네요. 별일 없으시죠. 그럼…." 이렇게라도 사과를 해야겠죠.

잊지 마세요. 앞도 중요하지만, 뒤는 더 중요합니다. 앞에서는 웃고 뒤에서는 뒷담화를 하며 거친 말을 하면 언젠가 나에게 돌아옵니다. 평판이라는 이름으로요. 평판이 무서운 건 쉽게 바뀌지 않기 때문입니다. 평생 내 뒤를 따라오기도 하거든요.

가까워지는 데도 말이 큰 몫을 하지만
멀어지는 데도 말이 결정적 역할을 합니다.
앞도 중요하지만 뒤는 더 중요합니다.
앞에서는 웃고 뒤에서는 거친 말을 하면
언젠가 나에게 돌아옵니다. 평판이라는 이름으로요.

순한 사람이 화를 내면 무섭다

이런 말 들어보셨죠. 순한 사람이 화를 내니 정말 무섭더라, 어른들이 그러시잖아요. 근거가 있는 걸까요. 근거는 몰라도 경험해본 분들이 있을 겁니다. 평소 조용조용하고 말 없던 사람이 한번 화를 내면 무섭게 느껴지잖아요. 왜 그럴까요.

어쩌면 순한 사람이란 잘 참는 사람을 뜻하는지도 모릅니다. 자기감정을 드러내기보다는 분위기를 깨뜨리지 않으려고 무조건 참는 데 익숙해진 사람. 그들은 그렇게 참다 참다 폭발하는 것이지만 상대방으로선 깜짝 놀랄 수밖에 없겠지요. 하지만 이러는 건 자신을 위해서도, 남들을 위해서도 좋지 않을 겁니다.

한번 무섭게 화를 내고 나면 순한 사람이라는 평판도 사라지고 주변 사람들과도 서먹서먹해지죠. 여태까지 쌓아온 이미지가 한순간 날아가는 건 물론, 부딪히거나 싸우기 싫어 애써 누그러뜨린 자신의 마음도 안 좋을 겁니다. 화산이 폭발하면 용암이 흘러나와 산을 덮어버리죠. 그렇듯 한순간에 감정이 터져버리면 마그마에 덮인 풀과 나무가 죽어버리듯 자신의 마음도 화상을 입을지 몰라요.

한 번에 폭발하지 않으려면 어떻게 해야 할까요. 자기감정의 변화를 알아채야 합니다. 예를 들어 인내심이라고 하면 1단계에서 7단계까지 인내심 단계를 설정해보는 겁니다. 친구가 약속에 늦어서 한여름 땡볕에 10분을 기다렸다, 그때가 1단계라고 해보면 기준이 정해질까요. 알고 보니 그 친구가 번번이 약속에 늦어서 늘 내가 먼저 와 기다린다면 2단계, 이런 식으로요. 그러면 자신의 감정이 어디쯤 왔는지 인식할 수 있을 겁니다. 스스로 인식하는 게 제일 중요해요.

지금은 2단계인데 친구가 곧 도착한다는 톡만 보내고 30분이 지나도 오지 않는다면 3단계. 아이스커피나 마시며 기다리려고 테이크아웃 전문 커피숍에 갔는데 대기하는 줄이 끝도 안 보인다면 4단계. 땡볕 아래 기다리다가 드디어 내 차례가 왔는데 알고 보니 통신 장애로 카드 단말기가 작동하지 않아 현금밖에 안 된다면, 계좌 이체마저 안 된다면 5단계에 도달할지도 모릅니다.

사람마다 인내심의 임계점은 다릅니다. 나는 5단계까지밖에 못 참는다면 도착할 친구에게 화를 벌컥 낼 확률이 매우 높겠죠. 물론 번번이 늦은 것은 잘못했지만 3단계 정도의 화를 예상했던 친구는 5단계의 폭발 앞에서 당황할 겁니다. 언성을 높이다가 다시는 보지 말자며 영영 마음이 돌아설 수도 있을 겁니다.

나의 마음속에서는 1단계부터 차근차근 상승해온 과정이 있지만, 친구는 그걸 전혀 알지 못할 겁니다. 내 감정의 변화 단계를 일일이 설명할 수도 없고 말입니다. 그러기 전에 2단계에서 근처 커피숍에 들어가는 게 낫지 않겠습니까. 커피값이 얼만데 뭐하러 쓸데없는 돈을 쓰냐고 하실 수도 있겠지요. 커피값이야 알바를 해서라도 벌 수가 있지만, 틀어져버린 친구 관계는 돈으로 살 수 없을 겁니다.

무엇보다 벌컥 화를 내는 나 자신이 싫어지고, 나이가 몇인데 아직도 나는 이 정도밖에 안 되나 느껴지는 게 짜증 나지 않습니까. 화산 폭발 전에 경보음이 울릴 때부터 내 감정에 집중하세요. 그리고 적절히 대응하세요. "지금 2단계야. 근처 커피숍에 가자." 혼잣말이라도 하세요.

감정의 변화를 인지하고 조절하는 연습은 순한 사람들이 타인과 공존하며 세상을 평화롭게 살아가기 위해 반드시 필요한 과정입니다. 감정을 건강하게 표현하고 해소하는 경험은 당신을 보다 나은 사람으로 만들어줄 겁니다.

어쩌면 순한 사람이란
잘 참는 사람을 뜻하는지도 모릅니다.
자기감정을 드러내기보다는 분위기를 위해
무조건 참는 데 익숙해진 사람.
그들은 그렇게 참다 참다 폭발하는 것이지만
상대방으로선 깜짝 놀랄 수밖에 없겠지요.

거절도 천천히

화를 내기도 쉽지 않고, 참기도 어렵습니다. 그래서 인간관계는 힘든 것 같습니다. 특히 아는 사람의 부탁을 거절해야 한다면요. 그게 돈 문제라면 더욱 그렇죠.

사회생활 걸음마를 시작한 젊은이에게 재테크 기초 상식을 알려주는 프로그램을 진행할 때였어요. 화면을 보기 전, 스튜디오에서 '친구가 돈을 빌려달라고 하면 어떻게 할까?' 라는 주제가 나왔어요. 이런저런 논의 끝에 제 의견은 그랬습니다. "아직 재테크를 할 줄 몰라서 통장 관리를 엄마(아빠, 할머니, 혹은 어른)가 하고 계셔. 용돈을 모아서 얼마까지는 빌려줄 수 있지만, 그 이상은 어려워." 그 액수는 형편껏 10만 원이든 100만 원이든 돌려받지 못해도 포기할 수 있는 금액이어야 한다고 했어요. 재테크 전문가도 비슷한 답을 내놓았습니다.

친한 친구가 돈을 빌려달라고 부탁하면 난감할 겁니다. 얼마나 상황이 안 좋으면 그럴까 싶잖아요. 가진 돈이 없으면 꿔 와서라도 도와주고 싶지만, 그러면 안 된답니다. 비행 중 위기 상황을 떠올려보면 알 수 있습니다. 출발 전 승무원의 안내 방송에 귀를 기울여보면 어린이를 동반한 승객에게 이렇게 말합니다. "비상시에는 산소호흡기가 천장에서 내려옵니다. 보호자가 먼저 호흡기를 쓰고 나서 어린이에게 호흡기를 씌워야 합니다." 아이부터 살리겠다며 거꾸로 한다면 어찌 될까요. 최악의 경우 어린이도 보호자도 안전하지 못할 수 있습니다. 마찬가지로 마음만 앞서서 내 처지를 잊은 채 친구 일에 나선다면 친구도 나도 돌이킬 수 없는 곤경에 빠질 수 있습니다.

돈뿐만 아니라 무엇이든 부탁받은 상황에서 거절하기란 쉽지 않은 일입니다. 한때 저도 거절 못 하는 병에 걸려서 힘들었던 적이 있습니다. 착한 아이 콤플렉스였던 건지 도무지 거절을 못 하겠더라고요. 나중에는 전화를 받거나 문자를 보는 게 두려울 정도였어요. 소소한 부탁부터 함께 일해보자는 제안까지, 물론 다 감사하죠. 하지만 제가 가진 시간과 재능에는 한계가 있는데 다 할 수는 없잖아요.

그때 저는 상대의 마음을 먼저 헤아리려 했습니다. 이 사람이 나에게 연락을 하기까지는 얼마나 고민을 했을까. 저도 부탁하는 걸 안 좋아해서 그럴 일이 생기면 한참 망설이다가 겨우 말을 꺼내거든요. 상대도 그럴 테니 되도록 들어주려 했지요. 시간도 꼬이고 일정도 힘들어지고 몸도 고단해지고 짜증도 났습니다. 아침 생방송이 끝나고 가볍게 차 한잔하는 자리에서 마침 출연하셨던 정신과 선생님에게 여쭀습니다. 이런 상황을 어쩌면 좋겠냐는 제 질문에 5초도 안 걸려 답을 주셨어요.

부탁하는 사람이 모두 너와 같지는 않다. 너는 고민 끝에 어렵게 입을 떼지만, 어떤 사람들은 아주 쉽게 부탁하고 거절당해도 아무렇지 않다. 그런 사람들은 너 아니면 A, A가 안 되면 B에게 부탁한다. 너는 A, B, C

중 하나일 뿐이다. 너 아니면 안 된다는 건 말뿐일 때가 많다. 너 아니면 다른 사람이 하면 그만이다. 그러니 상황이 안 되면 바로 거절해라. 그 사람은 곧바로 다른 데 연락할 것이다.

속이 다 후련했습니다. 거절하는 것도 연습하다 보면 잘할 수 있을 거라고도 했어요. 그때부터 조금씩 거절하는 연습을 하다가 제가 찾아낸 부드러운 거절 방법은 바로 시간을 버는 것이었습니다. 부탁을 받는 즉시 답해야 하는 경우는 별로 없습니다. 그럴 때는 이렇게 답합니다. "좋은 제안 주셔서 고맙습니다. 제 일정을 먼저 살펴봐야 할 것 같습니다. 언제까지 답을 드리면 좋을까요?" 상대가 말하지요. 내일 오후까지 답을 달라고.

다음 날 오전 업무가 시작되고 한두 시간 후, 저는 거절의 문자나 톡을 보냅니다. "안녕하세요. 이금희입니다. 어제 연락을 받고 일정을 살펴봤습니다. 함께하기 어려울 것 같습니다. 빨리 연락을 드려야 다른 분을 섭외하실 것 같아요. 그럼 행사가 잘 치러지기 바랍니다. 남은 하루도 잘 보내세요." 완곡하지만 거절 의사를 전달하고 상대를 배려해서 조금이라도 일찍 답하는 거죠. 이 정도면 괜찮은 거절이 아닐까요.

우리는 서로의 거울이니까요

마음을 다스리는 것도, 거절을 조심스레 하는 것도 다른 사람들과 잘 지내기 위해서죠. 그런 면에서 보면 저는 운이 좋은 편입니다. 날마다 인간관계와 사회생활 교과서를 접하거든요.

방송 일을 하면서 자연스럽게 손에 쥐게 되는 나만의 교과서, 바로 방송 원고입니다. 좋은 원고를 써주시는 작가님들 덕분에 라디오 원고를 읽으면서 감성을 키웠고, 토크쇼 원고를 훑어보며 인생을 배웠고, 다큐멘터리 원고에서는 정보와 지식을 얻었습니다. 한동안 EBS에서 사회심리 실험을 다루는 다큐멘터리를 시리즈로 제작했는데, 내레이션을 맡을 기회가 있었습니다. 그중 잊을 수 없는 실험 하나를 소개합니다.

사람이 얼마나 사회적 존재인지를 볼 수 있는 실험

이었습니다. 오가는 사람들이 많은 교차로 횡단보도, 그리 붐비지 않는 한산한 시간이었어요. 신호등이 초록색으로 바뀌기를 기다리며 사람들이 서 있습니다. 갑자기 '실험맨'이 하늘을 쓱 올려다봅니다. 손을 이마에 갖다 대면서 뚫어지게 한곳을 봅니다.

신호가 바뀌고, 사람들이 건너가고, 건너편에서 사람들이 이쪽으로 오는 내내 자세를 바꾸지 않아요. 마치 저 하늘에 무엇이 있다는 듯, UFO라도 나타났다는 듯 계속 응시하는 겁니다. 그랬더니 어떤 일이 벌어졌을까요. 여러분이 짐작하고 상상하는 그 일이 벌어졌습니다. 신호가 바뀌기를 기다리던 사람들이 하나같이 하늘을 올려다봅니다. 뭘 보는 거지 싶어 실험맨을 한번 보고, 그 시선이 머물러 있는 하늘을 한번 보고. 다시 실험맨을 보고 그의 시선을 따라 하늘을 보고. 한 사람도 예외 없이 따라서 합니다. 심지어 몇몇은 신호가 바뀌는데도 건너가지 않고 계속 하늘을 올려다봅니다. 그렇다고 물어보지도 않아요. "저기요, 저 하늘에 뭐가 있나요?" 그냥 따라 하는 겁니다.

신기했습니다. 다른 실험맨들이 나와 몇 번에 걸쳐서 똑같은 실험을 했어요. 그런데 열 번이면 열 번 다 그렇습니다. 사람이 다른 사람에게 얼마나 영향을 받는가, 눈으로 확인할 수 있었습니다.

다른 사람에게 영향을 받는 사람의 심리를 거울 세포 이론으로 풀어서 설명하는 이도 있습니다. 인간의 세포에는 거울처럼 다른 사람을 보면서 모방하는 기능이 탑재돼 있다는 겁니다. 처음 만난 사람과 악수를 할 때 상대가 미소를 지으면 나 역시 슬며시 입꼬리를 올리게 되잖아요. 반대로 상대방 얼굴에 긴장한 기색이 역력할 때 나만 웃을 수는 없습니다. 인간이 학습을 해온 것도 거울 세포의 작용 때문이라는 주장도 있습니다. 아이들이 자라나면서 사회화하는 것도 마찬가지고요. 우리말 중에도 그런 표현 있잖아요. "친구 따라 강남 간다."

부화뇌동하는 사람의 심리를 염두에 두어야 하는 사람들이 바로 인플루언서 아닐까요. 전에는 텔레비전이나 라디오에 출연하는 연예인이나 유명인이 여러모로 조심해야 했다면, 지금은 각종 SNS나 1인 방송으로 수많은 팔로워나 구독자들이 지켜보는 인플루언서, 유튜버, 크리에이터 들이 그래야 할 겁니다. 자신의 영향력이 어느 정도인지를 충분히 인식하고 말 한마디라도 조심해야 하는 시대입니다.

실제로 100만 구독자 채널의 크리에이터가 방송에 나와 이런 말을 하기도 했습니다. 구독자가 얼마 안 될 때는 이런저런 말을 생각나는 대로 막 했는데, 어느덧 100만 명이 넘어가자 겁이 나기 시작했다고요. 훨씬 더 조심해서 말을 하게 된다고 했습니다. 인플루언서라는 호칭은 영향을 미치는 사람이라는 걸 의미하지요.

방송 일을 하면서 제가 저만의 교과서인 방송 원고를 통해 조금씩 깨우쳤듯 새로운 시대에 새로운 영향력을 미치는 분들도 부디 그러하시기를 바랍니다. 우리는 서로 배우고 닮아가고 따라 하는 사람들이니까요. 우리는 각자 서로의 거울입니다.

자신의 영향력이 어느 정도인지를 충분히 인식하고
말 한마디라도 조심해야 하는 시대입니다.
우리는 서로 배우고 닮아가고
따라 하는 사람들이니까요.

웃어도 괜찮아

서로 바라보며 표정까지 따라 할 수 없는 상황, 면접이 그중 하나일 겁니다. <사랑하기 좋은 날 이금희입니다>에는 종종 이런 사연이 옵니다. "정말 가고 싶은 회사인데 아무래도 면접을 망친 것 같습니다. 저에게 좋은 소식이 올 수 있을까요?" 저는 궁금했습니다. 이분은 왜 면접을 망쳤다고 할까. 어떤 실수를 한 걸까. 하기야 면접이 끝났을 때 정말 잘 봤다고 생각하는 지원자는 거의 없겠지요. 누구나 준비하고 쌓아온 만큼 실력이나 능력을, 나 자신을 제대로 보여주지 못했다는 아쉬움이 남을 겁니다.

'아, 오늘 면접 잘 보고 왔다.' 철없던 시절에 그렇게 생각했던 적이 있습니다. 대학교 4학년 KBS 공채 아나운서 시험 최종 면접 직후였습니다. 그게 착각이란 것을 깨닫기까지는 그리 오래 걸리지 않았습니다. 일주일 후 불합격 통보를 받았으니까요. 긴장한 채 답하기는 했지만, 재학생 특유의 근거 없는 자신감으로 똘똘 뭉쳐 있던 저는 면접관이 물어보는 말에 제대로 답했다고 생각했습니다. 그런데 왜 떨어졌을까요.

이듬해 KBS 공채 아나운서 시험 최종 면접. 재수생 특유의 겸손함을 안고 면접장에 섰습니다. 이번에도 안 되면 정말 안 되니까요. 무슨 질문을 누가 했는지, 너무 오래전이라 잊어버렸습니다. 다만 제가 엉뚱한 대답을 해서 면접장이 웃음바다가 되었던 것은 또렷하게 기억합니다. 바로 그 전에 했던 말과 정반대되는 답변을 한 거죠. 아차 싶었지만 이미 늦었지요. 예리한 면접관이 질문했어요. "근데 바로 앞에서는 이러이러하다고 하지 않았나요? 지금은 저러저러하다고 하네요." 하는 수 없었어요. "그러게요. 저도 방금 그 생각을 하고 있었어요. 바로 앞에 이러이러하다고 해놓고, 곧바로 저러저러하다고 했네 하고요." 다들 빵 터졌습니다. 면접관들도 웃고, 어이없었던 저도 웃고요.

"끝으로 하고 싶은 얘기가 있으면 해보세요"라는 말을 놓치지 않고 마지막까지 냉큼 손을 들고 말했습니다. "저는 누구보다 방송에 열정이 있다고 생각합니다. 여기 있는 어느 지원자에게도 뒤지지 않을 만큼 열정과 자신감이 있습니다. KBS에서 일하게 되면 정말 방송을 잘할 것입니다." 어쩜 그렇게 뻔뻔했을까요. 흔히 하는 말로 '현타'가 옵니다. 몹시 부끄럽네요.

그랬더니 이번에는 피식피식 웃으시더군요. 그중 가장 시크한 분이 말씀하셨습니다. "그건 여기 있는 모든 지원자가 마찬가집니다." 그렇게 저는 면접장을 나왔습니다. 그런데 이상도 하지요. 기분이 나쁘지 않았습니다. 그리고 일주일 후 합격 통지가 날아왔습니다.

면접관이 웃은 게 나쁜 신호가 아니라는 건 한참 뒤, 제가 면접관이 되고서야 알게 되었습니다. 유머가 뛰어나서 면접관들을 웃겼다면 두말할 필요 없겠지만, 그게 아니어도 좋습니다. 저처럼 말실수를 하거나 피식 웃게 만들 수도 있습니다. 그럴 땐 이렇게 생각하기

쉽습니다. '망했다, 면접은 여기서 끝났다, 나는 떨어졌다, 어떡하지, 이제 정말로 끝이다.' 그렇게 여기지 마세요. 끝난 게 아니라 어쩌면 좋은 시작인지도 몰라요.

웃음은 사람을 무장해제시킵니다. 어이가 없어서 웃었더라도 웃으면 마음이 열려요. 나 때문에 웃었던 면접관의 마음에도 여유가 생깁니다. 그렇지 않겠어요? 잔뜩 긴장한 마음은 바람을 가득 넣은 풍선 같으니까요. 웃으며 바람이 조금쯤 빠지면 풍선엔 그만큼 공간이 생기기 마련입니다. 웃으면 누구나 너그러워져요.

내 말에 면접관들이 웃었다, 그러면 내 마음에도 면접관 마음에도 빠진 바람만큼 여유가 생겼을지 모릅니다. 그러니 그 순간 절대로 포기하시면 안 돼요. 어떻게든 버텨야 하고, 끝까지 최선을 다해야 해요. 지레짐작으로 포기하지 말자고요. 아셨죠?

생각난 김에 한마디 더 할게요. 나와 마주 보는 면접관, 그 사람은 왜 거기 앉아 있을까요? 나를 떨어뜨리기 위해서? 아님, 나를 붙이기 위해서? 그게 그거지 뭐가 다르냐고요? 내 마음이 달라지지요. 나를 떨어뜨릴 사람이라면 적대감을 품게 될 테고, 나를 붙일 사람이라면 호의를 갖게 되겠죠. 나의 자세와 태도가 달라질 수 있습니다. 모든 면접관은 붙이기 위해서 거기 있습니다. 다 떨어뜨리기만 하면 누굴 붙이겠어요. 좀 더 괜찮은 지원자가 없는지, 면접관은 그걸 보려고 거기 있는 겁니다.

지역 방송국 국장이었던 선배가 그런 말을 했어요. "면접관은 나에게 관심이 많은 어른이다." 그분들도 젊은 시절이 있었고, 입사를 준비하던 취준생 시절을 거쳤겠죠. 어찌 보면 인생 선배들일 겁니다. 그런 선배가 관심 어린 눈으로 자신을 바라본다는 마음으로 면접장에 들어가시기를, 그럼 나도 모르게 슬며시 미소가 지어질지도 모릅니다.

10퍼센트는 남겨두세요

면접만큼 떨리는 순간은 연설할 때가 아닐까요. 명연설로 손꼽히는 마틴 루서 킹 목사의 한마디 기억하시죠. "나에게는 꿈이 있습니다I Have a Dream." 그 연설의 비밀은 무엇일까요. 미루고 미룬 끝에 나왔다는 점입니다. 어찌 보면 미뤘기 때문에 킹은 생애 최고의 연설을 하게 되었다고요.

물론 오래전부터 준비했지요. 연설문에 어떤 내용과 어투가 적당할지 최측근 세 명에게 자문했고 연설문 작성자와 오랫동안 대화를 나눈 후 또 다른 민권운동가들에게 초안을 부탁했다고 합니다. 그리고 나흘 전 본격적으로 연설문을 작성하기 시작했답니다. 전날 밤에는 보좌진을 모아놓고 연설문을 처음부터 다시 작성하기 시작했다죠.

이런 걸 '자이가르닉(제이가르니크) 효과'라고 한답니다. 완성된 작업보다 미완성 작업을 사람들이 더 잘 기억한다는 사실을 러시아 심리학자 블루마 제이가르니크가 증명해내서 그런 이름이 붙었다네요. 일단 작업이 마무리되면 사람들은 더 생각하지 않는다고 합니다. 그러나 일을 중단한 채로 두면 그 생각이 계속 머릿속을 맴돈대요.

흥미로운 사실은 원래 연설문에는 '꿈'이라는 개념이 포함되지 않았다는 점입니다. 킹은 자기 차례 직전까지 연설문 일부를 지우고, 새로운 문장을 끄적거렸다죠. 그러니 짧은 애드리브로 시작해 즉흥 연기, 즉흥 연설을 한 셈입니다. 연설이 시작되고 11분이 지났을 즈음, 누군가 외쳤답니다. "그들에게 그 꿈 얘기를 들려줘요, 마틴!" 가스펠 가수이자 흑인 인권 운동의 동지, 〈서머타임Summertime〉을 부른 머핼리아 잭슨이었습니다. 그러자 킹은 준비해 왔던 연설문을 밀쳐놓고 즉흥적으로 꿈과 미래를 말하기 시작했다고 합니다.

작업의 완성을 미루면 이처럼 즉흥적인 사고가 가능하다고 합니다. 오히려 미리 계획을 세우고 완성해놓으면 우리 뇌는 완성된 구조를 고수하려 해서 갑자기 등장하는 창의적인 가능성을 배제하게 된다고요.

'아하! 미루면 되는구나!' 생각하셨다면 다음 글을 마저 읽어보시기 바랍니다. 킹은 꿈에 관한 그 유명한 구절을 즉흥적으로 생각해냈지만, 이전부터 수많은 연설을 하면서 비슷한 내용을 말하는 걸 예행연습한 셈이었습니다. 1년 전 연설에서도 꿈을 이야기했고 몇 달 동안 전국 순회 강연에서도 꿈에 관해 언급했대요. 1년간 44만 킬로미터 넘게 이동하면서 350여 차례 연설을 했답니다. 그러니 그는 즉흥적으로 꺼내 쓸 수 있는 자료들을 풍부하게 지니고 있었던 셈이지요. 자세한 이야기는 애덤 그랜트가 쓴 『오리지널스』 4장 「서두르면 바보」를 읽어보세요.

여기서 우리는 '사람들 앞에서 연설이나 발표를 하게 되었을 때 100퍼센트 원고를 완성해놓지 말라. 90퍼센트가량 완성하고 10퍼센트는 남겨두고 계속 생각하고 또 생각하고 다시 고쳐보고 한 번이라도 더, 마지막까지 수정하라'라는 것을 기억해야 합니다.

지금 마무리를 미루고 있는 건 당신이 게으르거나 무책임해서가 아니라는 말입니다. 90퍼센트는 완성했으나 마지막 10퍼센트를 남겨두고 있다면 너무 걱정하지 마세요. 밥을 먹든 잠을 청하든 그 10퍼센트는 늘 당신 머릿속에 남아 있으니까요. 고민하고 생각하고 돌아보고 되짚어보고, 그러다 보면 하이라이트가 될 마지막 10퍼센트가 불현듯 떠오를 겁니다. (사실 저도 지금 그러고 있어요.)

작업의 완성을 미루면
즉흥적인 사고가 가능하다고 합니다.
지금 마무리를 미루고 있는 건
당신이 게으르거나 무책임해서가 아니라는 겁니다.
물론 '아하! 미루면 되는구나!' 하고 생각하진 마시고요.

콩나물에 물 주듯

남편의 한마디가 등대 역할을 했다는 아내가 있었습니다. 남편은 중학교 교장으로 정년 퇴임했지만, 아내는 집안 사정으로 초등학교도 나오지 못했답니다. 그런 아내가 예순이 훨씬 넘은 나이에 공부를 시작했습니다. 남편은 응원을 아끼지 않았습니다. 아내도 신나서 배움의 기쁨을 누렸죠. 하지만 중학교 과정에 접어들자 사정이 달라졌습니다. 초등학교와는 수준이 완전히 달라졌거든요. 영어 단어도 외기 어렵고, 수학 공식도 이해하기 힘들었습니다. 더 열심히 하는 수밖에 달리 방법이 없었습니다.

주중에는 하루도 수업에 빠진 날이 없었습니다. 주말이면 아침을 먹자마자 단어장을 손에 들고 나갔습니다. 김매고 밭 일구면서 중얼중얼 단어를 외웠습니다. 소용이 없었습니다. 돌아서면 잊어버리고, 앉았다 일어나면 까먹고, 집으로 걸어가는 그 짧은 시간에도 금세 기억이 나지 않았습니다.

시험 기간이면 저녁 먹고 냉커피를 한 사발씩 들이켰습니다. 남들처럼 밤새우며 공부해볼 참이었죠. 하지만 웬걸, 배불리 마셔서 그런지 평소보다 더 일찍 잠들어 더 푹 잤습니다. 아침이면 짜증이 났죠. 나이가 몇인데 이것도 못 하나. 밤새워도 모자랐는데 시험 기간에 이렇게 잠을 잘 자다니.

어쩔 수가 없었습니다. 낮이면 밭농사에 집안일에 할 일이 태산이었으니까요. 몸이 고단하니 밤이 되면 눈꺼풀이 천근만근 내려앉을 수밖에 없었습니다. 남편이 함께 농사를 짓고 집안일을 거든다 해도 내 할 일은 따로 있으니까요.

그렇게 스트레스를 받고 나이 탓을 하게 된 아내를 보며 남편이 슬며시 한마디 했다고 합니다. “콩나물시루에 물을 주면 밑으로 다 빠져버리잖아요.” “네? 갑자기 콩나물은 왜요?" "물이 밑으로 빠지니까 눈에는 안 보이지만, 며칠 후에 보면 콩나물이 쑥 자라 있지요. 공부도 그런 법이에요. 해도 해도 아무 소용없는 것 같아도 자기도 모르는 새 실력이 쑥 늘어나니까요."

오래전 아침 토크쇼에 출연하셨던 만학도의 얘기였습니다. '잊을 수 없는 한마디'라는 주제로 출연한 인상 좋은 노부인이었죠. 공부하다 힘들 때 남편이 해준 한마디 덕분에 고비를 넘기고 중·고등학교 과정을 무사히 마쳐 마침내 대입 검정고시를 앞두고 있다고 했습니다.

대화란 이런 겁니다. 그 사람이 이해할 수 있는 말로 시작하는 것이지요. 중학교 교장이었던 남편은 아내가 평소에 보고 느끼는 점을 헤아려 한마디를 했습니다. 고사성어를 들먹이지도, 유명한 격언을 인용하지도 않았습니다. 그저 아내 눈높이에 맞춰, 아내의 일상생활에 기준을 두고 말했습니다.

나보다 나이가 어린 사람, 사회생활 경험이 부족할 것 같은 사람에게는 좀 그럴듯하게 말하고 싶어지죠. 내가 가진 게 열 가지뿐이라 해도 스물쯤 되어 보이게 말입니다. 미사여구를 늘어놓고 싶어지기도 합니다. 하지만 그런 말은 기억에 남지 않습니다. 별로 도움이 되지도 않고요. 오히려 이런 게 나을 수 있지요.

자취생 이야기를 그린 만화에서 다음과 같은 글을 봤어요. "힘내!라는 말에는 힘이 나지 않습니다. 조용히 건네준 10만 원 봉투에 힘이 납니다." 피식 웃음이 났지만 마냥 웃을 수만은 없었습니다. 당장 한 푼이 아쉬운 취준생 후배에게 우리가 해줄 일은 그것인지도 모르겠습니다. 그 사람 상황에 맞춘 따뜻한 말 한마디 그리고 그 사람이 생활하는 데 꼭 필요한 용돈이 든 봉투. 내가 아니라 상대방이 기준입니다.

대화란 그 사람이 이해할 수 있는 말로 시작하는 겁니다.
남편은 아내가 평소에 보고 느끼는 점을 헤아려
한마디를 했지요. 고사성어를 들먹이지도
유명한 격언을 인용하지도 않았습니다.
그저 아내의 상황에 맞춘 말을 건넸을 뿐입니다.

때로 작은 구원이 되어

불안이 영혼을 잠식할 때 가장 좋은 항불안제는 믿음일 겁니다.

나를 믿어주세요. 그리고 다독거려주세요.

나이가 어떻든, 상황이 어떻든 말이죠.

마음은 내 것이니 다른 누구도 아닌 내가 다스려야 하지 않겠어요.

남에게 휘둘리지 마세요.

독백은 고백이 되고 고백은 구원이 된다

여자는 어린 나이에 결혼했습니다. 아버지의 노름빚 대신 팔려간 거죠. 원래 언니가 가야 할 자리였는데, 울고불고 난리인 언니를 보며 잘 모르긴 해도 언니가 저렇게 싫다니 나라도 가야 하나 보다 싶어서 그러겠다고 했습니다. 남편은 아버지뻘이었습니다. 부자인 데다 잘생겼다며 시집 잘 간다는 이웃의 수군거림은 위로가 되지 못했습니다. 무서웠거든요. 그래서 말 한마디 못 하고 밖으로 나도는 남편을 대신해 시집의 온갖 일을 해야 했습니다. 한 해 두 해가 가면서 여자는 성인이 되었습니다. 미성년일 때 결혼을 했거든요. 아이를 낳아야 한다는 압박이 갈수록 여자를 짓눌렀습니다. 겨우겨우 딸 둘을 낳았습니다.

큰애가 말귀를 알아듣고 작은애가 아장아장 걸을 무렵, 남편이 혼수상태에 빠졌습니다. 사소한 말다툼에서 비롯된 결투 끝에 의식을 잃고 깨어나지 않았습니다. 설상가상 내전이 터졌습니다. 이들 넷만 남겨놓고 시집 식구들은 피란을 떠났습니다. 어제는 옆집 사람들이 반군에 협조했다며 처형당하고, 오늘은 뒷골목에서 총성이 이어집니다. 먹을 것이 떨어져갑니다. 무섭다며 우는 아이들의 입을 막는 데도 한계가 있습니다. 내전과 거리가 먼 도시에 사는 이모를 찾아가서 애들을 맡깁니다. 겁이 나지만 돌아와야 합니다. 남편이 홀로 누워 있으니까요. 어떻게든 수액을 구해 남편의 링거에 넣어줘야 합니다.

여자는 어떤 선택을 할 수 있을까요? 이곳은 아프가니스탄입니다.

영화 <어떤 여인의 고백>은 2013년 국내 개봉 당시 2,500명이 채 안 되는 관객이 관람한 영화였습니다. 우리나라에서는 보기 어려운 아프가니스탄 영화였기에 그랬을 겁니다. 그즈음 제가 1년에 영화 100편 보기를 목표로 하고 있던 터라 운이 좋게도 극장에서 볼 수 있었습니다.

"신비한 전설의 돌이 있는데, 그 돌을 찾으면 네 앞에 놓고 고통과 비밀을 전부 말하렴. 돌이 들어줄 거야. 어떤 비밀이든 들어줘. 무엇을 말하든 들어주지. 그러다 어느 날 돌이 쩍, 하고 갈라지는 날, 모든 고통이 그 순간 사라지고 너는 구원받을 거야. 용서받는 거란다."

어린 시절 아버지에게 들었다던 그 말처럼 여인은 의식이 없는 남편을 앞에 두고 날마다 이야기를 합니다. 밖에서는 총성이 들리고 폭탄이 터집니다. 무서우면 더욱더 많은 말을 합니다. 어린 시절 이야기, 언니 대신 시집오게 된 이유, 남편이 밖으로 도는 동안 겪었던 시집살이, 두 딸을 키우면서 있었던 일화, 마침내 절대로 해서는 안 되는 말까지…. 독백은 고백이 되고, 고백은 구원의 돌이 되어줍니다.

"이상한 기분이었어요…. 누워 있는 당신에게 처음으로 모든 걸 다 얘기하고 있는데 마치 짐을 내려놓는 기분이 들어요. 이상하죠.” 스스로 느낄 만큼 여인은 달라집니다. 웅얼거리던 말이 자신 있고 또렷한 말투로 바뀌고, 하루하루가 눈물 바람이었지만 이제는 울지 않고, 무엇보다 화장이 점점 진해집니다. 멀리 도시에 살며 윤락가에서 일하는 이모처럼 말이죠. 종교와 인습의 굴레에서 살아가던 주변 여인들과 달리 이모는 자유롭고 어떤 면에서는 행복해 보였거든요. 그런데 이제 자신이 그렇게 되어가는 겁니다. 남편이 갑자기 눈을 뜨기 전까지!

이 영화는 말하기의 힘을 보여줍니다. 혼자였지만, 의식을 잃은 남편 곁에 앉아서 스스로는 혼자라고 느끼지만, 매일 꾸준히 무엇이든 말을 하면서 여인은 자신을 찾습니다. 자아를 회복하고 자존감을 느끼는 거죠. 독백의 힘, 혼자 말하기의 힘입니다.

스스로 느낄 만큼 여인은 달라집니다.
웅얼거리던 말이 자신 있고 또렷한 말투로 바뀌고,
하루하루가 눈물 바람이었지만
이제는 울지 않습니다.
매일 꾸준히, 무엇이든 말을 하면서
여인은 자신을 찾습니다.

명왕성이나 천왕성 같은 존재

자아를 찾다가도 한 번씩 무너지는 순간, 인간관계에서 실패했을 때입니다. 가까운 사이일수록 헤어질 때는 마음이 더 아프고 자신감도 떨어지죠.

"어느 날 자려고 누워서 보니까 네가 사준 게 너무 많더라. 입고 있는 수면 바지부터 머리맡의 미니 가습기까지. 이제 그만 좀 사."

이런 핀잔 아닌 핀잔을 주던 선배가 있었습니다. 얼마나 친했는지 짐작할 만하지요. 서로 일상을 공유하고, 연애사를 다 알고, 헤어진 남자친구 때문에 울고불고하면서 전화를 걸라치면 곁에서 말려주던 사이. 시시콜콜한 얘기도, 인생 갈림길의 고민도 주고받던 사이였죠. 그러던 선배와 멀어지게 되었습니다.

참 힘들었어요. '스몰토크'라고 하지요. 별것도 아닌 얘기를 나누면서 웃고 우는 것 말입니다. 누구는 '농담 뜨개질'이라고도 하더군요. 농담 반 진담 반 섞어서 뜨개질하듯이 이야기를 엮어나가는 관계. 그때는 남자친구도 없었지만, 남자친구가 있다고 해도 속속들이 말할 수 없는 게 있잖아요. 그런 소소한 일상을 함께하던 사람이 없어졌지요. 펑펑 울고 관계를 회복해보려고 노력도 해봤지만 쉽지가 않았어요.

그때 그런 상황을 다 아는 또 다른 선배가 이런 말을 해줬어요. "명왕성이나 천왕성이라고 생각해."

'나 = 지구'라고 가정하면 내 주변에는 달도 있고, 토성, 목성, 금성도 있다는 겁니다. 지금까지는 나와 그 사람의 자전이나 공전 주기가 비슷해서 서로 자주 만나고 그러다 보니 점점 더 가까워졌다는 거죠. 그런데 어쩌다 보니 빅뱅까지는 아니어도 뭔가 변화가 생겼고, 지구 근처에 있는 줄 알았던 그 별이 저 멀리 자리를 옮기게 됐다는 겁니다. 명왕성이나 천왕성 정도로요.

관계가 아예 단절된 건 아니죠. 어차피 비슷한 궤도에서 움직이니까요. 하지만 전보다 훨씬 더 멀어져 눈앞에 보이지 않을 때가 더 많습니다. 지구는 지구대로, 명왕성이나 천왕성은 또 그 나름대로 돌고 움직이고 살아가다가 언젠가 주기가 비슷해지는 순간에 마주치게 된다는 거였습니다.

신기하게도 그 말이 저를 위로해주었어요. 완전한 끝이 아니라는 게 안심이 되었던 것 같아요. 그 말처럼 하루 이틀 지내다가 우연히 아는 사람에게 선배의 근황을 듣게 되면 잘 지내는구나, 했어요. 집안에 경조사가 있을 때도 한두 사람 건너 전해 듣고 부조를 할 수도 있었고요. 그 선배에게는 제가 명왕성이나 천왕성이 되었겠지요. 궤도에 있기는 하지만, 서로 생활 주기는 달라진 채로 말입니다.

한때는 누구보다 가까웠지만 이런저런 사연으로 멀어진 사이가 있을 겁니다. 가까우면 가까울수록 멀어지는 게 고통스럽지요. 독립적인 편인 저도 너무 힘들었는데 의존적인 성향이라면 이별의 무게는 몹시도 무거울 겁니다. 그럴 때면 명왕성을 떠올려보세요. 주기가 비슷해진 어느 날 다시 가까워질지도 모르지요.

선배든 후배든 동료든 친구든 원치 않는 헤어짐으로 힘이 든다면 "나는 지구다"라고 되뇌어보세요. 그리고 꾸준하고 성실하게 내 궤도를 도는 겁니다. 명왕성이나 천왕성 어느 곳에 가 있을 그 사람도 그러기를 바라면서.

명왕성은 행성이 아니죠. 하지만 우리끼리는 그렇게 부르면 안 될까요. 134340이라는 번호로만 말하기에는 명왕성이 좀 짠해서요.

신기하게도 그 말이 저를 위로해주었어요.
완전한 끝이 아니라는 게 안심이 되었던 것 같아요.
긴긴 인생길에 언제 또 그 사람과 인연이 닿을지 몰라요.
어느 날 다시 가까워질지도요.

저는 아침 월급형 인간이었습니다

"성격이 곧 운명이다." 얼마 전에 읽은 소설에 나오는 구절이었어요. 셰익스피어가 한 말이라는데, 작가는 셰익스피어가 너무 많은 책이랑 희곡을 쓰고 온갖 말을 남겨서 실은 한 사람이 아니라 열 사람이라는 말도 있다고 했어요.

성격은 일종의 성향이고 성향은 일종의 선택일 거예요. 내향적인 사람은 나서지 않는 걸 선택할 테고 외향적인 사람은 나서는 걸 선택하겠죠. 선택이 쌓이면 일상이 되고 일상이 쌓이면 개인의 역사가 되겠죠. 그러니 성격이 곧 운명이라는 말은 맞는 말일 겁니다.

"괜찮아. 괜찮지. 괜찮을 거야." 노래 가사에도 종종 등장하는 이 말을 저는 좋아합니다. 저만의 기본 옵션이라고나 할까요. 어떤 일이 벌어지든지 받아들이는 것 외에 달리 어찌할 수 없을 때 제가 제 자신에게 해주는 말입니다. 그리고 저는 이렇게 믿습니다. 최악의 상황에도 좋은 점이 하나는 있을 거야.

앞에서 언급했듯이, 제가 18년간 진행해온 프로그램에서 하차한다는 소식이 전해지자 주변에서 걱정이 컸습니다. 저는 이렇게 말하며 사람들을 안심시켰어요. "괜찮아요. 어쩔 수 없죠. 또 다른 기회가 올 거예요. 변화가 다가올 때 괴로워하며 마지못해 맞이할 수도, 기꺼이 받을 수도 있겠지요. 저는 기꺼이 받아들이려고요. 잘 살고 싶으니까요. 그래서 저는 앞만 봐요. 뒤는 안 돌아봐요."

이렇게 써놓고 보니 뭔가 멋있어 보이려고 애쓴 것 같네요. 그럴지도 모릅니다. 사실 제가 그렇게 말할 수 있었던 건 그만두는 걸 오랫동안 준비해왔기 때문이었어요. 아직도 이유는 잘 모르겠지만 1~2년 동안 꾸준히 개편 시즌만 되면 저의 하차 소식이 제 귀에 들려왔어요. 그럴 때마다 마음의 준비를 해왔으니 막상 그 일이

닥쳤을 때는 충격이 덜하고 마음이 단단해졌습니다.

가장 먼저 메이크업과 의상을 담당하던 후배에게 알렸어요. 얼른 다른 일자리를 알아보라고요. 그리고 뉴스로 보도되기 전에 직접 말씀드릴 분들에게 전화를 드리고 문자를 보냈죠. 저에게 소중한 사람들이 누구인지 새삼 깨닫게 되기도 했습니다. 가족, 친구, 선배, 동료, 후배….

그러고는 생각을 해봤어요. 어느 날 갑자기 수입의 70퍼센트가 줄어들었는데 그런 상황에서 좋을 게 뭐 있을까. 가장 먼저 찾아낸 좋은 점은 아침에 늦잠을 잘 수 있다는 거였어요. 4,500여 일 동안 울리던 알람을 듣지 않고 푹 잘 수 있다니. 오랫동안 새벽에 일어났던 저는 제가 아침형 인간인 줄 알았어요. 그런데 그만둔 바로 다음 날 아침 9시에 눈이 떠지더라고요. 저는 아침 월급형 인간이었던 겁니다.

다음으로 좋은 점은 오전 시간을 마음껏 누릴 수 있

다는 거였어요. 새벽에 일어나 아침 댓바람부터 일하고 회의하느라 저에게는 오전이 없었거든요. 느긋하게 밥을 먹고 커피 한잔 마시는 정도였지만, '오전이 있는 삶'은 저에게 여유를 가져다주었습니다. 물론 수입이 줄어들어 생활의 규모가 달라져야 했죠. 생활보다 생계를 앞에 두고 곰곰이 따져보니 앞뒤 없던 경제관념에 조금이나마 계획이나 규모가 생겼습니다.

그다음으로 좋은 점은 못 만났던 사람들을 많이 만났다는 거였어요. 다들 저를 위로해준다며 밥을 사줘 한동안은 실컷 얻어먹고 다녔죠. 안쓰러워하거나 안타까워하는 사람들의 마음을 받아들이는 것도 좋았어요.

마지막으로 좋은 점은 새로운 기회가 생겼다는 거였습니다. 1~2년은 텔레비전 프로그램을 하고 싶지 않아서 몇몇 제안도 죄송하지만 거절했어요. 그 후에 들어오는 섭외는 예전에 진행하던 프로그램과 엇비슷한 형태였어요. 솔직히 하고 싶지가 않았어요. 새로운 걸 시작해야 재미있게 일할 수 있을 것 같아서요. 그러다 운

좋게 예능 프로그램 섭외가 들어왔고 그 후로 지금까지 새로운 마음으로 즐겁게 하고 있습니다. 물론 그렇게 되기까지 꾸준히 기회를 주신 라디오 프로그램과 청취자에게는 늘 고마운 마음입니다.

"괜찮아. 괜찮지. 괜찮을 거야." 제가 좋아하고 자주 하는 이 말처럼 여러분에게도 그런 말이 있겠지요. 괜찮다고 말하고 생각하려 했더니 정말 괜찮아졌어요. 오히려 더 나아지기도 했고요. 말은 씨가 되고 열매를 맺고, 나는 내가 말하는 대로 되는 것 같아요. 그렇게 만들어진 성격이 곧 운명이라고 말할 수 있겠지요.

흙탕물이 가라앉을 때까지

좋아하는 말을 스스로 해주면 괜찮아지고 아니면 무너지기도 하는 것, 내 마음이죠. 마음은 뭘까요. 마음은 내 것인데 왜 뜻대로 안 될까요. 멘탈 관리를 잘하는 사람이라도 늘 평온하기는 어려울 겁니다. 흔히 강철 멘탈 혹은 유리 멘탈처럼 요즘은 '멘탈'이라고 많이 표현합니다. 예전에는 마인드 컨트롤이라고 했어요. 마음 다스리기, 심기 관리라고 해도 될 텐데요. 뭐라고 부르든 비슷합니다. '이너피스Inner Peace! 마음의 평화!'를 되뇌며 깊은숨을 들이쉬고 내쉬고 해봐도 흐트러진 마음을 정리 정돈하는 게 쉽지는 않을 겁니다.

이럴 때 해야 할 일은 딱 한 가지. 아무것도 하지 않아야 해요. 마음을 가만히 둬야 합니다.

연못이 있어요. 바람이 세게 불지 않으면 잔잔합니다.

그런데 누가 돌을 던져요. 그럼 어떻게 됩니까? 흙탕물이 막 일어나잖아요. 연못 바닥의 흙이며 모래알이 수면 가까이 올라와버리니까요. 더러워진 연못 물을 다시 맑아지게 하려면 어떻게 해야 하죠? 기다리는 수밖에 없습니다. 언제까지? 돌이 가라앉아서 파장이 멈추고 흙탕물이 잠잠해지며 조금씩 조금씩 다시 맑아질 때까지요.

내 마음이 처음부터 산란하고 복잡하지는 않을 겁니다. 대체로는 평온하지요. 그런데 어떤 자극이 와요. 눈으로 보든 귀로 듣든 머릿속에 떠오르든 누군가 내 마음에 돌을 던진 것이죠. 아니면 시 한 구절처럼 심지어 노를 젓는지도 몰라요.

"내 마음은 호수요. 그대 노 저어 오오. 나는 그대의 흰 그림자를 안고 옥같이 그대의 뱃전에 부서지리다." 가곡으로 만들어지기도 한 「내 마음」이라는 시에 이런 표현이 나오잖아요. 돌만 던져도 일렁이는 마음에 노를 젓는다니. 아무리 작더라도 배 한 척이 내 마음에 띄워졌다는 뜻이잖아요. 세상에! 노를 한번 저을 때마다 얼마나 큰 파장이 일렁일까요. 그러니 사랑에 빠지면 제정신이 아닌가 봅니다.

일렁이다가 뒤집혔다가 다시 흔들리면 얼마나 산란하겠어요. 이럴 때는 어떻게 한다고요? 그렇죠. 가만히 있어야죠. 그러면서 깨달아야 합니다. '아, 지금 내 마음에 파문이 일고 있구나. 내 마음이 흔들리고 있구나!' 그 상황을 먼저 인지해야 한다는 겁니다. 오래전에 요가를 배울 때 요가 선생님에게 들은 말이었어요. 수업을 마무리할 때 다 같이 눈을 감고 호흡을 가다듬잖아요. 그때 들은 말은 쉬이 잊히지 않더라고요.

"먼저, 깨닫는다. 다음, 바라본다. 그리고 가만히 둔다."

간단하지요. 어렵지도 않아요. 가만히 두기가 처음부터 쉽게 되지는 않을지도 몰라요. 그럼 마음속으로 세어보세요. 딱 3초면 됩니다. 하나, 둘, 셋!

천천히 심호흡하면서 그렇게 세어보면 정말이지 거짓말처럼 마음이 조금씩 가라앉습니다.

그럴 리가 없다고 하지 마시고, 일단 한번 해보시기를 권해드립니다. 무엇보다 마음은 내 것이니 남에게 휘둘리지 말고 내가 다스려야 하지 않겠어요. 잠시 멈추고 흙탕물이 잠잠해지면 무엇이든 그때 다시 생각해도 늦지 않습니다.

마음은 뭘까요.

마음은 내 것인데 왜 내 마음대로 안 될까요.

이럴 때 해야 할 일은 딱 한 가지.

아무것도 하지 않아야 해요. 마음을 가만히 둬야 합니다.

내가 너를 믿듯이

마음이 편치 못한 상황 중엔 이런 경우가 있을 거예요. 영화 제목에도 있잖아요. <불안은 영혼을 잠식한다>. 독일 영화감독 라이너 베르너 파스빈더가 오래전에 발표한 작품입니다. 자우림의 김윤아 씨가 발표한 노래 제목이기도 하고요. 불안은 영혼을 잠식하고, 영혼은 주머니를 열게 합니다. 그러니 불안은 자본주의를 이끌어가는 동력입니다.

자본주의는 부추깁니다. 친구와 동료, 옆집 아저씨와 윗집 아주머니를 통해서요. 다들 아이를 학원에 보내는데 우리 애만 안 가면 불안하니까 등록합니다. 남들 결혼할 때 나만 안 하면 불안하니까 결혼 정보 회사에 가입합니다. 남들이 해외로 여름휴가 떠날 때 나만 안 가면 뒤떨어지는 것 같고, 대화에 못 낄까 봐 불안해서 항공편을 검색합니다.

자본주의는 속삭입니다. 텔레비전을 켜도 유튜브를 봐도 인스타그램을 열어도 내 귀에 대고 부드럽게 속삭입니다. '이거 사야지, 이래도 안 살래, 안 사고는 못 버틸걸.' 짝수 채널마다 자리 잡은 홈쇼핑의 쇼핑호스트들은 또 어찌나 달콤하게 유혹하는지요. '어머 이건 꼭 사야 해, 이거 나만 몰랐나 봐, 요즘 어느 집에나 하나씩 있다는데.' 좋아하는 크리에이터가 진행하는 라이브 방송을 켰더니만 중간 광고를 하겠답니다. 팔로워가 수십 만인 인스타그램 인플루언서 언니가 쓰는 화장품을 사면 언니처럼 예뻐질 것만 같습니다.

그렇게 불안해서 남들만 따라가다 보면 물건은 쌓이고 나는 길을 잃습니다. 포장도 뜯지 않은 채로 나날이 먼지만 쌓여가는 신상품을 보다가 어느 날 갑자기 정신을 차리고 중고 거래 앱을 켭니다. 인심을 쓰며 '나눔'이라는 작은 기부 활동도 해봅니다. 기분이 좋습니다. 하지만 나는 무엇을 한 걸까요. 아무리 좋은 값을 받아도 새상품을 살 때 지불한 가격에는 훨씬 못 미칩니다. 말끔히 정리하고 홀가분한 마음이 들지언정 처음부터 물건을 사지 않은 것만 못한 건 아닐까요.

불안을 잠재워야 합니다. 내 영혼을 잠식하지 않게, 내 카드를 긁지 않게. 그러려면 먼저 나는 남과 다르다는 것을 인정해야 합니다. 아무리 친한 친구라도, 아무리 가까운 가족이라도 그들과는 다른, 나만의 인생길을 걸어가야 합니다. 지구에 사는 79억 인구에게는 79억 갈래의 길이 있습니다. 가보지 않은 길이기에 미련이 남고, 두 갈래 길 앞에서 망설이더라도 한 발 한 발 나아가야 합니다.

인생길이 다르니까 인생 시계 역시 저마다 달라야 합니다. 나에게는 나만의 시계가 있습니다. 그리니치 천문대에서 정한 표준시는 남들과 약속을 정하고 맞추는 데에만 씁시다. 인생 시계는 달라요. 누구는 20대 초반에 결혼하지만, 나는 40대 후반에 결혼할 수도 있습니다. 저처럼 아예 결혼 자체가 없는 사람도 있습니다. 친구들이 아이를 대학 보낼 때, 나는 임신을 할 수도 있습니다. 저처럼 인생에 아이가 없는 사람도 있고요.

20대는 가장 불안한 나이입니다. 잘 아는 작가는 그런 말을 했어요. 20대에는 날마다 넘어지는 것 같았는데 30대가 되니 좀 덜한 것 같다고요. 아침에 잘 차려입고 나갔는데 길에서 넘어지면 얼마나 속상해요. 손바닥도 까지고 무릎에 멍도 들고 옷도 찢어지고요. 어제 넘어졌는데 오늘도 넘어지면 얼마나 힘이 빠집니까. 이런 일이 반복되면 내가 나를 믿지 못하게 되고 나를 믿지 못하니 기웃거리며 남을 보겠지요.

재능이 있고 노력도 하고 열정도 있는 후배들이 그러는 걸 보면 저도 속이 상했어요. "제가 붙을 수 있을까요? 제가 될 수 있을까요?" 묻는 후배에게 그렇게 답해줬어요. "나는 너를 믿는데, 너는 왜 너를 못 믿니? 누구보다 열심히 했잖아. 누구보다 해보고 싶잖아. 그럼 너를 믿고 한번 해봐."

인간은 미래에 중독된 종種이고, 현재가 아닌 미래를 사는 비용(대가)이 바로 불안이라고 어느 공학박사가 말했습니다. 불안이 현대인의 디폴트(기본값)라니 좀 덜 불안한가요. 그래도 스멀스멀 불안이 영혼을 잠식할 때 가장 좋은 항불안제는 바로 믿음입니다. 나를 믿어주세요.

잘못 탄 기차가 목적지에 데려다준다

나를 믿으면 실수나 방황도 받아들이겠지요. 그런 영화도 많이 있잖아요. 앞서 말했듯 영화를 좋아하는 저는 한때 1년에 100편의 영화를, 그것도 전부 극장에 가서 봤습니다. 일주일에 두 편씩 꼬박꼬박 본다면 얼추 그렇게 돼요. 하지만 방송 일이라는 게 불규칙하기도 하고, 모교에 강의를 나가던 시절엔 학기 중에 영화 한 편 보기도 쉽지 않아서 주로 몰아서 보곤 했습니다. 컨디션이 좋은 날을 잡아서요. 제가 좋아하는 극장이 그땐 종로에 몰려 있었거든요. 새벽에 일어나서 7시에서 8시 사이에 시작하는 '특회차' 영화부터 보는 거예요. 조조 영화는 10시쯤 시작하거든요.

점심 무렵, 오후 시간, 저녁 나절, 심야 영화까지 보면 하루에 여섯 편을 볼 수 있습니다. 다섯 편째부터는 허리가 좀 아프지만 그래도 좋았어요. 이 정도 일정으로 함께할 사람은 아무도 없어서 혼자 보러 다녔어요. 아마 십수 년은 족히 그랬을 거예요. 어쩌면 그게 저를 궤도에서 벗어나지 않게 한 안전장치였을지도 모르죠.

매일 새벽에 일어나야 하는 생방송 일정은 아무래도 압박감을 줍니다. 알람을 5분 단위로 맞추고도 혹시 안 울리면 어쩌나 싶어서 사발시계까지 맞추고 자야 안심할 수 있으니까요. 다행히 잠 복福은 있는 편이라서 머리를 베개에 대는 즉시 잠에 빠져들긴 했지만 말이죠. 저도 기계가 아닌 사람인데 규칙적인 일상을 살다 보면 일탈을 꿈꾸는 순간이 왜 없었겠어요. 하지만 휴가도 일주일 온전히 가기가 쉽지 않았어요.

일주일 치 텔레비전 녹화와 라디오 녹음을 어렵게 해놓고 해외로 여행을 가려고 오전에 도심공항터미널에 가서 짐을 먼저 부친 날이었어요. 느긋한 마음으로 운전하며 인천공항으로 가는데, 라디오 뉴스에서 속보가 나왔습니다. 국가적인 큰일이 일어났다고요. 공항에 도착했는데 전화에 불이 나는 거죠. 녹음, 녹화 다

취소하고 내일은 무조건 생방송을 해야 한다고요. 부쳤던 짐을 공항에서 찾아서 차 트렁크에 싣고 다시 여의도로 돌아와야 했습니다.

그런 저에게 유일한 탈출구가 영화였습니다. 영화는 공간을 초월해 해외로, 국내로, 바다로, 산으로 저를 데려가니까요. 시간마저 초월하죠. 중세 유럽, 조선 시대, 미래까지. 영화를 보면서 스트레스도 해소하고, 간접 경험으로 여행도 떠나고, 무엇보다 제가 관심 있는 사람 심리를 파악하는 데에도 도움을 얻은 것 같아요. 우리 뇌는 직접 가서 본 것과 영화를 통해 간접적으로 본 걸 구분하지 못한다는 말을 들었습니다. 그러니까 영화로 제가 저의 뇌를 속이기도 한 셈이네요.

외국영화 대부분이 할리우드 영화인 우리나라에서도 운 좋게 북유럽 영화나 아시아 영화를 볼 때가 있어요. 그중에서 인도 영화 <런치박스>는 따뜻하고 뭉클한 작품이었어요. 인도 특유의 활력이 느껴지고 볼거리가 많아서 재미도 있었어요. 사람도 많고 일자리도 많고 기차도 많은 인도에서는 흔히들 아내가 런치박스, 점심 도시락을 싸서 기차에 실어 남편에게 보냅니다. 골목마다 집마다 돌면서 도시락을 받은 후 기차에 싣고 가 배달하는 직업을 가진 사람이 따로 있더라고요.

영화가 전개되려면 어떻게 되어야 할까요. 그렇죠. 하필이면 배달원이 실수를 합니다. 남편의 도시락이 배우자와 사별 후 외롭게 사는 중년 남자에게 잘못 배달되죠. 남자는 쪽지를 적어서 도시락에 넣습니다. "도시락이 잘못 배달되었어요. 하지만 덕분에 잘 먹었습니다." 남편의 외도를 눈치챈 지 오래지만 가정을 지키려고 버티던 여자도 도시락을 통해 답장합니다. 이렇게 쪽지를 주고받으며 두 사람은 삶의 의미를 깨닫게 됩니다. 이 영화에서 저는 인생 명언을 얻었습니다.

"잘못 탄 기차가 목적지에 데려다준다."

기차 시간표처럼 인생에 계획표가 있어서 정해진 시간에 떠나고 정확한 시간에 도착하면 규칙적이고 안정

적이겠지요. 기차는 그럴지 몰라도 인간은 그럴 수 없어요. 시간을 헛갈리고 기차를 잘못 타고 엉뚱한 시간, 뜻밖의 장소에 도착할 수밖에 없는 게 인간이지요.

지금 당신의 일상은 만족스러운가요. 가만히 떠올려 보세요. 지금 내 모습이 어린 시절 꿈꾸던 그대로인가요. 만약 그렇다면 앞으로 당신의 인생이 예상과 달라질 수 있다는 걸 기억하기 바랍니다. 만약 기대하던 것과 다른 삶이라면 당신은 기차를 잘못 탄 걸까요.

지금 거기가 당신의 목적지가 아니었을지라도 또 다른 출발을 할 수도 있습니다. 그러면 지금 있는 그곳은 괜찮은 경유지가 되겠지요. 지금 거기가 마음에 든다면 거기까지 오기 전에 들렀던 곳들은 꽤 튼튼한 환승역이었는지도 모릅니다. 방황과 실수를 받아들이며 다음을 향하다 보면 어느새 목적지에 도달해 있지 않을까요. 저 또한 그런 마음으로 기차에 몸을 실어봅니다.

교차로에서 만난 것뿐이에요

영화가 아닌 현실에서 인생 명언을 얻은 적도 있어요. 지금 생각해도 그때는 참 힘들었습니다. 우리 부장님 때문에요(부장님 증후군!). 부서에 따라서 조금 다르지만 부장은 몇십 명의 직원들과 일을 하죠. 나이도 제각각 성별도 다르고 경험도 다른 사람들을 총괄하는 일이 쉽지는 않을 겁니다. 그러다 보니 부장님이 아랫사람들을 힘들게 하기도 하죠. 아랫사람들은 인사권을 쥐고 있는 부장님이 어렵습니다. 그런데 그 부장님은 몹시 까다로웠어요. 사무실에서는 물론 식당이나 회식 자리에서조차 단 한 번도 편하지가 않았어요.

다른 건 몰라도 적응력 하나는 좋다고 자부한 저로서도 불편했습니다. 성과 압박이나 업무 평가를 하는 건 다른 부장들도 마찬가지였죠. 하지만 그 부장님은 단 한 번도 칭찬을 해주지 않았습니다. 저뿐만이 아니라 그 부서에서 함께 일한 부서원들 모두에게 그러는 것 같았어요. 야단을 칠 때는 다른 사람들이 다 있는 곳에서 하나하나 곱씹듯이 또박또박 말을 했습니다. 저는 다행히 울지는 않았는데 눈물을 뚝뚝 흘린 후배도 있었어요.

1~2년이면 인사이동으로 자리를 옮기는데 어찌 된 일인지 그 부장님은 움직이지 않고 3년 차에 접어들 때였습니다. 다른 팀 후배와 단둘이 밥을 먹게 되었는데, 이런저런 얘기 끝에 그 부장님 얘기가 나왔지요. 다른 팀에서도 그 명성(?)을 익히 들어 알고 있더라고요. 앞서 있었던 팀에서도 그 부장님은 다들 껄끄러워했다고 하더군요. 3년째 접어드니까 도저히 못 견디겠다며 푸념을 늘어놓는 저에게 후배가 해준 말이 이랬습니다.

"교차로에 있다고 생각하세요, 선배." 군 복무 중 선임 때문에 힘겨워하던 자신에게 다른 선임이 해준 말이었답니다. 나는 내 갈 길을 가고 있습니다. 아래에서 위로, 위에서 아래로, 남에서 북으로 혹은 북에서 남으로. 그 선임이나 그 부장 역시 자기 길을 가는 거랍니다. 동에서 서로 혹은 서에서 동으로. 그러다 보면 어느 지점에선가 딱 마주치게 되는데 거기가 교차로라고 합니다. 병목현상으로 도로가 갑자기 꽉 막히듯 인생의 교차로 역시 서로 엉키고 꼬여서 교통 체증, 아니 고통이 체증을 불러온다는 겁니다.

그럴 때 내가 할 수 있는 일은 아무것도 없다고 했어요. 그저 그러려니 하면서 뚜벅뚜벅 걸어가는 수밖에. 그 선임, 그 부장도 마찬가지겠지요. 자신이 가야 할 길을 걸어간다는 거죠. 그러다 보면 거짓말처럼 꽉 막힌 도로도 어느새 뚫리고 서로 헤어져 가뿐하게 가던 길을 계속 가게 된다고요. 상대도 마찬가지겠지요. 나 같은 운전자 때문에 답답했던 도로를 벗어나 시원하게 달리게 되겠지요.

꽤 오래전에 들었던 말이지만, 인간관계 때문에 힘이 들 때면 문득문득 떠오르는 말입니다. '교차로에서 만난 것뿐이야.' 가끔 혼잣말도 하곤 해요. '아니, 이 교

차로는 왜 이렇게 길어? 가도 가도 끝이 없네. 교차로가 이렇게 길어도 되나?'

그 부장님은 어떻게 되었느냐고요. 4년 차에 접어들 무렵 다른 부서로 옮겨 가셨어요. 그러고 나서 이런 근거 있는 자신감이 생겼답니다. '우리 회사에서 제일 힘든 사람이랑 3년이나 일했는데, 누군들 같이 일을 못할까. 누구라도 버틸 수 있게 된 거야, 이제 난!'

내가 할 수 있는 일은 아무것도 없다는 생각이 들 때면
그저 그러려니 하면서 뚜벅뚜벅 걸어가는 수밖에.

동그라미, 동그라미뿐

코로나가 기승을 부리기 전, 그러니까 4년 전이었나 봐요. 여름방학 때 혼자서 나름의 프로젝트를 시작했습니다. 방송하는 후배들 20명을 만나서 인터뷰하기! 다른 이유는 없었어요. 입사 시험을 치른 지 너무 오래 되어서 학생들에게 제 경험담이 도움이 되지 않을 것 같았거든요. 방송 생활 10년 미만 아나운서나 기상 캐스터 후배 들을 만나 한 시간 남짓 인터뷰를 했습니다. 생각보다 노력이 꽤 필요한 일이었습니다. 새벽 방송, 심야 방송처럼 각자 맡은 프로그램에 따라 일하는 시간도 달랐고 KBS, MBC 등 일하는 곳도 달랐으니까요. 남녀 가리지 않고 많은 후배를 만나면서 제일 도움을 받은 건 다름 아닌 바로 저였습니다.

먼저 깨달은 점은 예나 지금이나 별로 다르지 않네, 하는 거였습니다. 요즘 즐겨 쓰는 표현대로라면 '방송에 진심인 사람'이 결국은 방송을 하게 된다는 것 말이지요. 그게 저는 참 고맙고 반가웠습니다. 돈을 많이 벌기 위해, 유명해지고 싶어서, 이런 것을 넘어서는 일종의 믿음이나 조촐한 사명감이 요즘 후배들에게도 있을까 했던 저의 오해는 바로 풀렸습니다. 방송의 가치를 알고 자신이 해야 할 몫을 고민하는 후배들이 대부분이었어요.

프로젝트 중에 만난 신입사원 후배가 뭘 꺼냈습니다. "혹시 도움이 될까 해서 가지고 나왔어요. 제가 입사 시험을 준비할 때 썼던 다이어리예요." 사진을 찍어도 좋다고 했습니다. 후배들에게 도움이 되고 싶다면서요. 신입생 시절부터 대학 4년 내내 아나운서를 꿈꾸며 시험 준비를 하다 보니 나중엔 좀 지치고 무기력해졌답니다. 이 길이 맞는 걸까, 스스로 의심하게 되고 내가 방송국에 들어갈 수 있을까, 걱정도 되었고요. 한 번 두 번 낙방 경험이 쌓이면서 자존감도 낮아졌습니다. 이러다가는 죽도 밥도 안 되겠다 싶어 다이어리를 쓰기 시작했답니다. 이름하여 '자존감 다이어리'입니다.

방법은 이렇습니다. 매주 일주일 치 계획을 세우는데 아주 쉬운 계획부터 세우는 겁니다. 매일 토익 공부 10분, 한국어능력시험 공부 10분, 신문 읽기 10분, 이런 식으로요. 한 시간씩 공부하기는 어려워도 10분 하는 건 상대적으로 쉽잖아요. 그날 목표를 달성하고 나서는 그 항목에 동그라미를 치는 겁니다. 일주일이 지나고 나면 생활 계획표에는 모두 동그라미, 동그라미뿐이겠죠. 그게 익숙해지고 편안해지면 각각 15분으로 늘리고 다시 동그라미를 남기는 겁니다. 20분으로 늘어나도 동그라미와 세모가 많지, 가위표는 거의 없게 한다는 것이었습니다.

중간중간 면접 대비 질문과 답변, 간단한 시사 상식 같은 것도 적어 넣습니다. 왜 그렇게 할까요? 면접 당일에 쓰기 위해서요. 면접을 치러본 분이라면 알겠지만, 대기 시간이 깁니다. 10분 면접을 보려고 한두 시간 기다리는 건 다반사지요. 그 시간에는 할 게 없습니다. 긴장하니까 목마르고, 자꾸 물을 마시니 화장실을 들락거리고, 뭐 그렇습니다. 그럴 때 자존감 다이어리를 들고 가서 넘겨 보라는 겁니다.

거기엔 기록이 남아 있으니까, 그동안 얼마나 성실하고 꾸준하게 준비해왔는지를 눈으로 확인하면서 생각한다는 겁니다. '그래, 내가 1년 동안 이렇게 열심히 했지. 매일 하루도 빠짐없이 이렇게 동그라미 칠 정도로! 시사 상식 공부도 이만큼이나 했잖아! 이 정도면 충분해!' 실제로 눈앞에 보이는 다이어리에는 동그라미가 가득하니 입증이 되는 셈입니다.

자존감이 필요한 분이라면 지금부터 써보시면 어떨까요. 스스로를 응원할 수 있는 가장 확실하고도 보장된 방법입니다.

대학 4년 내내 아나운서를 꿈꾸며 준비하다 보니
이 길이 맞는 걸까, 스스로 의심하게 되었답니다.
한 번 두 번 낙방 경험이 쌓이면서 자존감도 낮아졌고요.
이러다가는 죽도 밥도 안 되겠다 싶어
다이어리를 쓰기 시작했답니다.
이름하여 '자존감 다이어리'입니다.

100가지 장점이 있는 사람

이런 자존감 다이어리도 있습니다. 오래전 티타임 때 만난 학생에게 권해준 것이었습니다. 그는 늘 비교를 당하며 살아왔다고 했습니다. 두 살 터울 언니가 모든 면에서 뛰어났다고요. 공부도 잘했고, 외모도 예뻤고, 재능도 뛰어나 이름만 대면 누구나 알 만한 학교에 다니고 있다고요. 어릴 때부터 시작된 비교는 대학 때까지 이어져 부모님은 물론 친척들도 무조건 언니를 칭찬하고 자신은 미미한 존재라고 했습니다.

문제는 예술적 기질을 타고난 언니가 감정 기복이 심하다는 거였습니다. 기분이 좋을 땐 한없이 잘해주다가도 기분이 나쁘면 소리를 지르고 물건을 집어 던진다고 했어요. 그럴 때면 자신은 그저 당하는 수밖에 없다고요. 어릴 때부터 그런 언니의 모습을 잘 알고 있는 부모님에게 도움을 요청해봤지만, 지방에 계시기에 전화로 언니에게 타이르고 동생에게 말했답니다. "네가 좀 참아. 언니 비위 좀 맞춰주고."

20년 넘도록 이어진 이런 관계는 동생의 자존감 형성에 매우 나쁜 영향을 줬습니다. '내가 참아야지, 나만 참으면 돼. 그럼 모두 편안해져.' 언제나 그런 마음으로 언니 눈치를 본다고 했습니다. 참 착한 학생이었어요. 하지만 표정이 어두웠습니다. 착한 사람이 손해 보는 건 사회생활뿐 아니라 가정 내에서도 마찬가지였습니다. 어떻게 하면 이 학생을 도울 수 있을까? 순간, 탁자 위에 올려놓은 다이어리가 눈에 띄었습니다.

"다이어리에 한 달 일정을 적는 데가 있잖아. 아무리 약속이 많아도 오른쪽 아랫부분은 비어 있을 거야. 거기에 오늘 밤부터 하나씩만 적자." 학생은 눈이 동그래져서 저를 쳐다보았습니다. "하루에 하나씩 장점을 찾아서 쓰는 거야. 예를 들어볼까. 나는 밥을 잘 먹는다. 그럼 그걸 써. 위장 장애가 있으면 밥을 잘 먹고 싶어도 그럴 수가 없어. 장점인 거지. 나는 똥을 잘 싼다. 그것도 장점이야. 변비가 심한 사람은 그럴 수가 없거든. 쾌변, 이렇게 쓰는 거지." 학생은 피식 웃었습니다.

"그래, 웃음이 나지. 내가 초등학생도 아닌데 이게 뭔가. 포인트가 그거야. 매일 밤 잠자리에 들기 전에 하나씩 생각해서 써. 쓰고 나서 보면 웃음이 날 거야. 그럼 한번 피식 웃고 말아. 웃으면서 잠을 자게 되는 거지. 그리고 다음 날 아침에 일어나 다시 그걸 펼쳐봐. 또 피식 웃음이 나면 웃으면서 하루를 시작하는 거지. 그렇게 딱 100일만 해봐. 그럼 나에게 100가지의 장점이 있다는 걸 알게 될 거야." 학생의 눈빛이 반짝였습니다. 3월, 학기 초였습니다.

6월, 학기 말이 되었습니다. 기말고사를 대체한 팀 발표를 했죠. 눈여겨보았던 그 학생도 팀 내에서 제 몫을 무사히 해냈습니다. 그 팀은 발표가 끝난 뒤 영화의 엔딩크레디트 같은 걸 올렸습니다. 서로에게 하고픈 이야기를 쓴 롤링 페이퍼 같은 내용이었죠. "OO 언니, 언니가 없었으면 우리 팀 분위기가 이렇게 좋을 수 없었을 거야. 팀 분위기 메이커가 되어줘서 고마워요." "OO 언니는 우리 팀 개그맨, 언니 덕분에 한 학기 동안 많이 웃을 수 있었어요." 제 눈을 의심하며 다시 한번 읽었죠.

4월의 모습, 5월의 표정. 강의실에 들어설 때마다 살며시 눈치챘던 그 학생의 변화가 떠올랐습니다. 조금씩 조금씩 밝아지던 모습, 마치 어두운 곳에 조명을 비춰 서서히 조도를 높이는 것만 같았거든요. 학기 말로 갈수록 웃는 모습도 볼 수 있었고요. '내가 잘못 본 게 아니었구나. 진짜 이렇게 많이 달라졌구나.' 얼마나 행복했는지 모릅니다.

그러고 보니 5월 말에 만났던 친구가 해준 이야기가 떠올랐습니다. 노래를 부르는 제 친구가 지역 축제에 초대를 받아서 갔는데 무대 뒤에서 자원봉사하던 대학생이 아주 일을 잘하고 싹싹하더랍니다. 리허설을 마치면 물을 가져다주며 "노래 잘 들었습니다" 깍듯이 인사도 하고요. 대기하는 동안 얘기를 나누게 됐답니다.

어느 학교 학생인지 뭐 그런 걸 묻게 되었겠죠. 그래요. 제 친구 입에서 나온 이름이 바로 그 학생이었습니다.

자존감을 높이고 자신감을 되찾은 학생은 학교 발표도, 자원봉사도 누구보다 멋지게 해내고 있었습니다. 물어보진 않았습니다. 혹시 그 자존감 다이어리 계속 썼느냐고. 묻지 않아도 알 것 같았거든요. 나름 확신을 하게 된 저는 다음 학기에도, 또 그다음 학기에도 아마도 열 번쯤 같은 제안을 다른 학생들에게 했습니다. 그러나 1,500명쯤 되는 학생 중 그렇게 극적인 변화를 보인 학생은 아쉽게도 없었습니다. 그래도 1,500분의 1이라는 확률과 놀라운 변화는 확실하니 한번 해보시겠습니까.

발목에 묶인 실을 풀어버린 것처럼

우리는 스스로가 어떤 사람인지 제대로 알고 있을까요. 자신의 본성을 어떻게 파악할 수 있을까요. 취업을 준비하던 후배는 어린 시절에서 힌트를 얻었다고 합니다. 자기소개서를 쓰고 면접 준비를 할 때 일부러 초등학교 동창들을 자주 만났대요. 밥도 같이 먹고 술도 한잔하고 이야기도 함께 나누다 보면, 나는 기억하지 못하지만 상대방은 생생히 기억하는 어린 시절 에피소드가 술술 나오더라는 겁니다. 내 기억 속의 나는 숫기 없는 어린아이였는데, 친구가 알고 있는 나는 소풍날이면 앞에 나가 사회를 보던 아이였다는 식으로요. 남이 본 내 모습이 내가 누구인지를 알려주기도 하죠.

실제로 어린 시절의 모습이 자신의 원형에 가깝다고 합니다. 나이가 들면서 사람은 바뀌기도 합니다. 내성적인 사람이 외향적으로 바뀌기도 하고, 반대의 경우도 많습니다. 학교생활이나 사회생활을 하다 보면 어른들이 원하는 모습으로 자신도 모르는 새에 바뀌니까요. 제가 그랬습니다. 20대 중반에 아나운서가 되어 당시 방송이 원하던 아나운서의 모습으로 살아왔습니다. 참하고 얌전하고 말도 조용조용히 하면서요. 가끔 라디오 생방송을 할 때면 무의식중에 제 모습이 나오기도 했습니다. 그러다 보니 제 본모습을 잊어버렸던 것 같아요. 여기서 중요한 건 제가 답답했다는 겁니다. 어쩐지 무거운 옷으로 몸을 짓누르는 듯한 느낌이 들었어요. 갑옷으로 저를 감추었다고 말하면 이해가 갈까요. 저도 의식하지 못하는 채로요.

그러다가 40대 초반, 교육 다큐멘터리 시리즈의 내레이션을 맡았을 때였습니다. 지금도 그렇지만 그때도 저는 과학이나 심리 다큐멘터리를 좋아해서 원고를 받자마자 탐독했습니다. 그중에 타고난 본성대로 사는 것이 편안하다는 내용이 있었습니다. 본성은 사회화가 되기 전 어린 시절의 모습이라고도 했고요. 직성이 풀린다는 말이 있지요. 타고난 본성대로 해야 속이 시원하다는 뜻으로 볼 수 있습니다. 그걸 읽고 생각해봤습니다. 어린 시절의 나는 어땠지?

돌아가신 아버지가 그 시절의 저에게 붙여주신 별명이 떠올랐습니다. 뚱딴지. 엉뚱한 행동이나 생각을 많이 했던 모양입니다. 그러고 보니 기억났어요. 초등학교 1학년 수업 때였던 것 같습니다. 율동을 가르쳐주시는 선생님께 저는 손을 들고 이렇게 말했어요. “선생님, 이 동작에는 이 동작을 보태서 하면 더 좋을 것 같아요.” 어이없죠. 그래도 선생님이 좋은 분이라 웃으며 받아주셨습니다.

조금 더 자라면서는 『톰 소여의 모험』이나 『허클베리 핀의 모험』, 『장발장』이나 『소공녀』 같은 책을 읽으며 상상의 나래를 펼치곤 했지요. 초등학교 고학년 시절 저의 보물은 계림문고라는 출판사에서 나온 소년소녀 명작동화 100권이었으니까요. 엉뚱하고 상상하기 좋아하는 기질이 동화를 읽으면서 더 커졌을 겁니다.

40대 초반에 떠올린 '어린 시절의 나'는 이후 저를 자유롭게 했습니다. 마치 발목에 묶여 있던 실 같은 걸 풀어버린 느낌이었달까요. '그래, 나는 원래 좀 엉뚱한 사람이지. 나는 명랑하고 발랄해. 그동안 사람들이 원하는 아나운서의 모습으로 사느라 나 자신을 잃어버렸네. 그러면 안 되지.' 그런 생각을 하니 방송에서도 제 모습을 드러내게 되었습니다. 요즘은 라디오 진행할 때 어이없는 성대모사도 하고, 웃음소리도 마음껏 냅니다. 가끔 시끄럽다고 청취자가 타박하실 정도로요. 예능 프로그램에서도 꾸미지 않고 편안하게 말하게 되고요. 나를 찾고 나니 홀가분해졌습니다.

어찌 보면 인생은 끊임없이 나를 찾아가는 과정인지도 모르겠어요. 타고난 내 모습이 세상과 만나면서 달라지는 걸 알아채는 과정 말입니다. 달라진 면은 제 자리를 찾도록 하고, 감추려고 한다면 드러내도 괜찮을 거라고 스스로 격려해주고, 너무 드러내기만 한다면 피곤할 수도 있으니 적당히 꺼내 보이도록 조절하면서 말이죠. 나이가 몇이든 상황이 어떻든 자기 자신을 파악

해갈수록 세상을 바라보는 시야가 넓고 깊어질 겁니다. 그럼 점차 마음은 홀가분해지고, 편안함과 자유로움을 느낄 거라고 믿습니다.

말하기를 제대로 배운 적 없기에

• 22년 강의 실전 연습 •

사회생활, 특히 입시와 면접을 치르다 보면

꼭 필요한 것이 말하기가 아닐까요.

스스로 눌변이라고 생각하는 분도 좌절하지 마세요.

꾸준히 애써보면 말을 제대로 할 수 있게 될 겁니다.

이제 말하기 연습을 위한 실용적인 이야기를 나눠보겠습니다.

발표는 기 싸움입니다

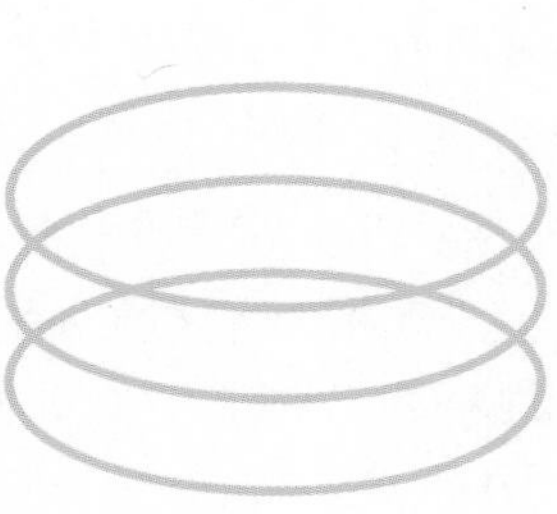

여러분, 발표는 결국 기 싸움입니다. 사람이 10명이든 100명이든 나와 그 사람들 간의 기 싸움이에요. “안녕하세요” 하고 인사하는 순간부터입니다. 사람들의 기에 눌려서는 안 됩니다. 초반에 기선을 제압할 수 있다면 제일 좋지요. 그것까지는 바라지 않더라도 절대로 풀이 죽으면 안 됩니다. 그러면 어떻게 해야 할까요? 자신감 있게 시작해야겠지요. 자신감은 어떻게 생길까요? 그렇습니다. 충분히 준비하고 연습하면 키울 수 있습니다.

이 대목에서 제가 소개하는 뮤지컬 배우 이야기가 있습니다. 오래전 인터뷰 때 들었어요. 저는 뮤지컬 보러 가는 걸 정말 좋아합니다. 지금은 오후 6시에 라디오 방송을 진행하고 있어서 가기가 어렵지만 4시부터 6시까지 라디오 생방송을 하던 시절에는 대극장 라이

선스 뮤지컬부터 소극장 창작 뮤지컬까지 안 보는 작품이 없을 정도였습니다. 당시 스타였던 그 배우를 보면서 늘 궁금했던 점을 물었지요. "어쩌면 그렇게 무대에서 자신감이 넘치세요? 떨거나 긴장하는 모습이 전혀 없어요. 무대에서 그렇게 당당하고 멋지게 노래하고 연기하는 비결이 뭔가요?"

답은 한 가지, 연습이었습니다. 노래 한 곡을 만 번씩 불러본다는 겁니다. 100번, 천 번, 만 번을 부르고 나면 이런 마음이 된답니다. '빨리 무대에 올라서 이 노래를 사람들에게 들려주고 싶어.' 작품마다 다르지만 보통 뮤지컬에는 스무 곡 안팎의 노래가 나옵니다. 여럿이 함께 부르는 합창을 제외하면 주연의 경우 10곡 정도는 완벽하게 불러야 하죠. 그럼 무려 연습을 10만 번이나 한다는 겁니다. 어때요. 자신감이 저절로 뿜뿜! 솟겠죠?

또 다른 사례는 <개그 콘서트>입니다. KBS 인기 프로그램이었던 <개그 콘서트>에 '생활의 발견'이라는 코너가 있었습니다. 한번은 그 코너에 출연 제안을 받았습니다. 5분 남짓한 코너에 제가 등장하는 장면은 기껏해야 2~3분이었습니다.

대본을 미리 받아 혼자 외운 후 연습실에 갔던 날, 깜짝 놀랐습니다. 전문가들이니 한두 번 맞춰보고 녹화하는 줄 알았거든요. 그런데 무려 30번이나 연습을 하더군요. 하도 연습을 많이 하니까 나중에는 대사가 입에서 저절로 나왔어요. 첫 연습 이후 설 연휴가 끼어서 녹화 당일에 만나기로 했습니다. 물론 그날도 일찌감치 가서 대사와 동작을 맞추어봤지요. 다들 잘 쉬셨냐고 인사를 드렸더니 하루도 안 쉬고 계속 연습실에 나왔다고 하더라고요.

제 역할은 고故 박지선 씨가 대신 해줘서 연습했다고 했습니다. 다시 10번 정도 맞춰본 후에 카메라 리허설을 하고 대기실로 왔습니다. 함께 출연하는 개그맨에게 살짝 여쭤봤어요. 도대체 연습을 몇 번이나 하느냐고요. 코너마다 다르지만 100번에서 200번을 한다더군요. 그렇게 연습을 많이 하면 어찌 될까요. 대사를 잊어버리면 어떡하나, 걱정할 겨를도 없이 조건반사처럼 내 입에서 대사가 술술 나옵니다. 뇌에 저장하는 게 아니라 세포에 새기는 느낌이었습니다.

우리가 텔레비전에서 봤던 건 남들을 웃게 하는 타고난 재능이 아니라 남들을 웃게 하려고 수백 번씩 준비한 노력이었던 셈입니다. 노력만이 기 싸움에서 승기를 잡게 합니다.

"안녕하세요" 하고 인사하는 순간부터
사람들의 기에 눌려서는 안 됩니다.
초반에 기선을 제압할 수 있다면 제일 좋지요.
그러려면 어떻게 해야 할까요?
자신감 있게 시작해야겠지요.
자신감은 어떻게 생길까요?
그렇습니다. 충분한 준비와 연습이 필요합니다.

벽을 뚫어라

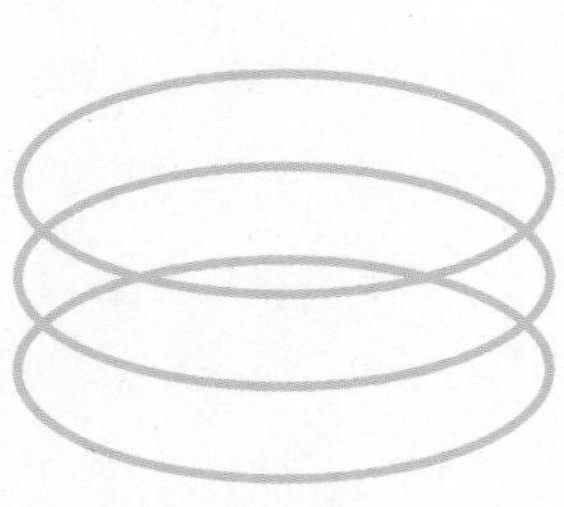

그렇게 얘기하고 나면 학생들은 걱정 반 기대 반의 눈빛으로 저를 봅니다. 1만 번의 노래와 100번의 연습을 할 수는 없지 않겠느냐 하는 걱정, 연습을 많이 하면 나도 잘할 수 있지 않을까 하는 기대입니다.

1만 번이나 100번은 몰라도 혼자 하는 개인 발표라면 30번, 40번, 50번이라도 연습하라고 권합니다. 입을 열면 나도 모르게 줄줄줄 말이 나올 정도로 말입니다. 팀 연습도 10번이고 20번이고 다 같이 모여서 해보면 좋을 겁니다.

팀 발표를 앞두고 저는 마지막 발표 준비, 즉 리허설을 꼭 함께했습니다. 평일에는 시간을 맞추기가 어려우니 주로 주말을 이용했지요. 강의실을 예약하고 한 팀에 한 시간씩 저와 함께 연습하는 겁니다. 학생들은 강의실 앞쪽 강단에 서고 저는 일부러 맨 뒤 가운데 자리에 앉습니다. 학생들이 발표(사실은 리허설)를 시작하면 1분 안에 멈추게 합니다. 그리고 말하죠. "안 들려요! 지금 이렇게 강의실이 비어 있는데도 안 들리면 학생들로 꽉 찬 수업 시간에는 더 안 들릴 거예요."

그러면서 팁을 줍니다. "내 소리가 강의실 뒷벽을 뚫고 나간다는 느낌으로 말해야 해요." 그만큼 큰 소리로, 그만큼 우렁차게 말하라는 얘깁니다. 기 싸움에서 이기고 단박에 기선을 제압하는 비결이기도 합니다. 목에서 나오는 조그마한 소리로는 그렇게 하기가 어렵습니다. 단전은 아니어도 아랫배 깊숙한 곳에서부터 끌어 올리는 소리, 즉 복식호흡으로 발성하면 훨씬 더 쉽습니다.

복식호흡의 중요성은 열 시간 동안 얘기해도 모자랄 정도입니다. 갓 태어난 아기는 모두 복식호흡을 한다고 합니다. 그래서 온종일 울어도 괜찮다는 겁니다. 만약 어른이 그렇게 계속 울면 금세 목이 쉬어버릴 겁니다.

복식호흡을 하던 아기는 자라면서 흉식호흡을 하게 되고, 깊은 곳에서 길어 올리는 맑고 깨끗한 소리를 잃어버린다고 합니다.

잃어버린 소리를 찾으려면 배우고 연습해야 합니다. 오페라 무대에 서는 성악가들을 보면 마이크를 쓰지 않고도 넓은 공연장에 울려 퍼지게 노래를 부르지요. 복식호흡 덕분입니다. 판소리를 완창하는 명창들은 한두 시간이 아니라 예닐곱 시간을 공연하고도 목이 멀쩡하지요. 복식, 아니 단전호흡 덕분이라고 합니다.

좋은 소리, 오래 써도 쉬이 상하지 않는 소리를 내려면 반드시 복식호흡을 해야 합니다. 제대로 배우려면 책 한 권을 읽어야 할 겁니다. 좀 쉽게 해보려면 유튜브에서 복식호흡을 검색해보세요. 가수나 뮤지컬 배우처럼 노래를 부르는 분, 아나운서나 성우처럼 목소리를 많이 쓰는 분들이 자신만의 방법을 소개해놓은 동영상이 아주 많습니다. 그중 자신에게 맞는 걸 골라서 따라 해보세요. 하루 이틀 말고 한 달이나 두 달 혹은 1년쯤

하다 보면 스스로 터득할 겁니다.

학기 초부터 저와 함께 매주 복식호흡을 하려고 노력해온 학생들은 팀 발표를 할 때쯤 자신만의 소리를 조금씩 찾아갑니다. 그래서 더 강조합니다. 내 소리가 강의실 뒷벽을 뚫고 나간다는 느낌으로 말해야 한다. 목으로 크게 소리를 지르라는 뜻이 아니라 복식호흡을 통해 깊은 곳에서 나온 소리를 멀리 내보내라는 의미입니다. 힘 있는 소리를 멀리 보낼 수만 있다면, 일단 성공입니다.

참고로 저는 대중 앞에서 이야기할 때 일부러 조금 작은 소리로 시작합니다. 그리고 뒤로 갈수록 소리를 크게 내지요. 나름으로는 크레셴도Crescendo 전략입니다. 비교적 이름이 알려진 저 같은 사람은 처음부터 무조건 큰 소리로 시작하는 것보다는 이쪽이 효과적인 것 같습니다. 아무래도 대중의 집중도가 조금은 높을 터이니 처음에는 '무슨 말을 하나' 하며 귀를 기울이게 하고, 뒤로 갈수록 소리를 크게 내면서 집중하느라 다소 피곤해진 사람들이 편안하게 들을 수 있게 합니다. 이 방법은 아마추어보다는 프로에게 권하고 싶네요.

팀워크는 리액션

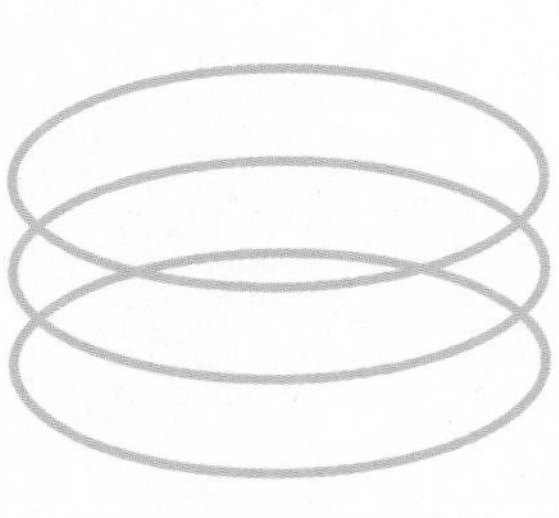

이렇게 열심히 준비하고 발표하면 점수를 매겨야 하죠. 저는 채점을 학생들과 함께했습니다. 발표하는 학생을 다른 모든 학생이 평가하고 점수를 주는 거죠. 그렇게 해서 평균을 낸 점수와 제가 매긴 점수를 절반씩 합쳐서 점수를 내는 겁니다. 학기 말에는 결과를 알려줍니다. 개인 점수는 개별적으로 알려주고 팀 점수는 다 같이 볼 수 있도록 합니다. 그렇게 하다 보니 학기 말이 지나도 점수 관련 항의는 거의 없었습니다.

학생들이 다른 학생의 발표를 제대로 보고 판단할 수 있을까. 점수를 공정하게 줄 수 있을까. 그래서 최고점과 최저점은 제외하고 평균을 냅니다. 이런 방식으로 오랫동안 채점했지만, 학생들이 내린 평가와 제가 내린 평가가 달랐던 적은 거의 없었습니다. 이렇게 했던 이유는 평가자, 채점자 자리에 앉아봐야 어떻게 발표하는 게 좋은지 깨닫게 되기 때문입니다.

면접을 볼 때도 늘 응시자로서 생각하고 준비할 것이 아니라 때로는 내가 만약 면접관이라면 어떨지 생각하고 판단해볼 필요가 있습니다. 팀 발표를 학생들이 평가할 때는 팀워크 점수를 꼭 매기게 했습니다. 어쩌면 팀 발표에서 제일 중요한 게 팀워크일지도 모릅니다. 팀워크가 좋은지 아닌지 어떻게 판단할 수 있을까요. 발표하지 않는 사람을 보라고 했습니다. 팀워크가 안 좋으면 발표하는 사람이 말하는 동안 다른 팀원들은 각자 다음 순서에서 자기가 맡은 부분을 외우고 있습니다. 하지만 팀워크가 좋으면 한 사람이 발표할 때 다른 모두가 그를 바라보고 있습니다. 만약 발표자가 틀리거나 헤맨다면 곧바로 그 부분을 자연스럽게 수정하거나 메워줍니다. 그게 팀워크입니다.

그걸 저는 이렇게 표현합니다. 축구 중계를 볼 때 카메라는 뭘 따라가나요? 우리의 시선은 뭘 따라가나요? 그렇죠. 축구공을 따라갑니다. 공이 어디로 가느냐에 따라서 경기의 승패가 결정되니까요. 발표에서 중요한 것은 무엇일까요. 발표할 때 우리는 뭘 따라가야 할까요? 그렇죠. 말을 따라가야 합니다. 말하는 사람을 쳐다봐야 합니다. 팀원들이 모두 말하는 사람을 보고 있다면 그것만으로도 그 발표는 좋은 발표입니다.

팀워크에서 제일 중요한 것은 '내가 아니라 팀'입니다. 팀보다 위대한 선수는 없다는 축구의 오래된 격언을 굳이 꺼내지 않아도 다들 알 거라 믿습니다. 팀 발표에서 제일 중요한 건 그래서 '리액션'입니다. 축구공을 따라가는 선수들의 눈빛이나 발놀림처럼 발표자의 '말'을 따라가는 팀원들의 리액션은 결국 그 발표를 성공으로 이끌 테니까요.

문장을 쓰지 마세요

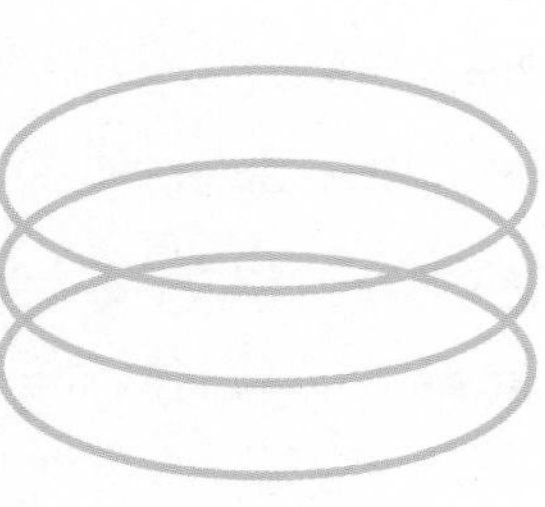

팀 발표에서는 여럿이 호흡을 맞춰 연습하는 것이 중요하다고 했지요. 그럼 개인 발표에서는 어떨까요. 물론 연습이 중요합니다. 연습을 '어떻게' 하느냐가 중요합니다. 제일 안 좋은 방법은 말할 내용을 토씨 하나 빠뜨리지 않고 처음부터 끝까지 모두 쓰는 겁니다. 그리고 그 원고를 그대로 외는 겁니다. 그것은 말하기가 아니라 읽기입니다. 이렇게 준비하는 사람은 대개 말에 자신이 없어서 글에 의존하는 겁니다. 당연히 제대로 읽기도 어렵습니다. 남들 앞에 서서 입을 여는 것 자체가 힘든 사람일 테니까요. 게다가 말하기와 읽기는 하늘과 땅 차이입니다.

말을 할 때는 에너지가 들어갑니다. 읽기에 들어가는 에너지의 몇 배는 될 겁니다. 읽기에는 에너지가 별로 필요하지 않거든요. 학창 시절을 떠올리면 금방 이해가 될 겁니다. 지금은 그런 분이 안 계시겠지만, 예전에는 교과서를 줄줄 읽는 선생님도 계셨습니다. 주로 연세가 많은 선생님이었어요. 그런 수업에 집중이 되던가요? 선생님이 읽어주시는 내용이 머릿속에 잘 들어오던가요? 준비한 원고를 읽는 것은 듣는 사람의 집중력을 떨어뜨리고 흥미를 잃게 합니다. 그럼 왜 몇몇 선생님은 그렇게 수업을 하셨을까요? 에너지를 아끼기 위해서였을 겁니다.

앞서 말했듯 말하기에는 화자의 에너지가 필요합니다. 화자의 에너지는 곧바로 청자에게 연결됩니다. 몰두와 흥미를 부르죠. 그러다 말하는 사람의 기운과 에너지가 조금씩 떨어지면 듣는 이의 집중과 재미도 조금씩 떨어집니다. 그만큼 말하기에는 크고도 지속적인 에너지가 필요합니다.

그럼 어떻게 말을 해야 크고도 오래가는 에너지를 전달해 사람들을 쥐락펴락할 수 있을까요. 그런 말하기는 어떻게 연습할 수 있을까요. 첫 번째 연습 방법은 바로 단어를 문장으로 만들기입니다. 처음부터 끝까지 내가 할 말을 문장으로 쓰지 말고 단어로만 써보세요. 키워드라고 할까요. 핵심 단어만 쓰는 겁니다. 1분 동안 말을 해야 한다면 세 단어만 써놓고 머릿속으로 단어와 단어를 연결해가면서 말해보세요.

1분은 생각보다 훨씬 깁니다. 평소 말하기에 자신 있는 분이 아니라면 단어 하나에 문장 하나 정도, 그러니까 3~4초 말하면 다음에 할 말이 떠오르지 않을 수도 있겠지요. 말문이 턱 막힐 수도 있습니다. 그래도 문장을 쓰지는 마세요. 문장을 쓰면 거기에 의존하게 되고 '말하기'가 아니라 '쓰기' 실력만 자라날 뿐입니다. 손으로 쓰거나 노트북 자판을 두드리지 말고 머릿속으로 써보세요. 말의 흐름을 구상하고 거기서 핵심적인 단어를 세 개 고르는 편이 나을 겁니다.

요즘도 하는지는 모르겠지만, 아나운서 시험에 합격하고 교육을 받는 한 달간 저희는 매일 3분 스피치를 했습니다. 오후 5시쯤 선배 아나운서들이 둥그렇게 모여 앉으면 한 사람씩 그 앞에서 주어진 주제로 3분간 이야기를 하는 겁니다. 주제는 즉석에서 정해지지요. 교육 담당 선배가 눈에 띄는 사물을 보며 말합니다. "커피에 관해 말씀하세요. 시작." 다음 순서인 사람은 앞사람이 말하는 동안 머릿속으로 준비를 할 수 있으니 뒤로 갈수록 유리할 것 같다고요? 천만에요. 다음 사람에게는 다른 주제를 줍니다. 소용이 없어요.

처음에는 1분을 넘기기가 어렵지만 한 달이 지나고 나면 3분쯤은 거뜬히 채울 수 있습니다. 아무 말 대잔치가 아니라 제법 논리적으로 살짝 유머도 넣어서요. 그 한 달간 피와 살이 되는, 실은 눈물 나게 하는 선배님들의 말씀을 듣고 또 듣고, 자존심이 상하고 또 상하는 건 따로 말씀드리지 않아도 짐작하시겠지요.

말하기에는 화자의 에너지가 필요합니다.
몰두와 흥미를 부르죠.
그러다 말하는 사람의 기운과 에너지가 조금씩 떨어지면
듣는 이의 집중과 재미도 조금씩 떨어집니다.
그만큼 말하기에는 크고도 지속적인
에너지가 필요합니다.

그래요, 강아지의 힘

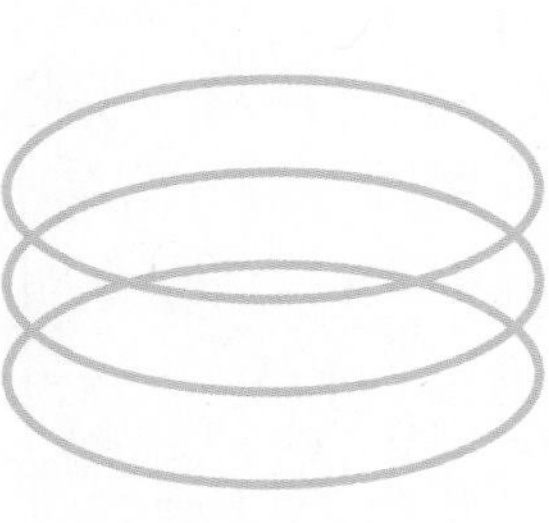

팬데믹 상황에서 우리는 모두 힘들었습니다. 실습 위주 수업을 하는 저도 그랬습니다. 직접 만나 얼굴을 볼 수 없으니 답답했습니다. 발음할 때 입 모양도 언급하고, 말하기 실습과 피드백도 해야 하는데 그럴 수가 없었으니까요. 비대면 수업 초기에는 우왕좌왕했지만, 나중에는 줌을 이용한 온라인 수업으로 분할된 화면 속에서 서로를 볼 수 있었습니다. 그래도 50명이 한꺼번에 참여해 세 시간 동안 실습수업을 하는 건 비효율적일 수밖에 없었어요. 집중이나 몰입이 아무래도 부족했습니다. 따로 보충수업까지 했습니다.

진행해보니 온라인 실습은 10명 안팎이 가장 효율적이더라고요. 매일 밤 라디오 생방송이 끝난 후에 시간 맞는 학생 10명과 본격적인 실습을 하고 피드백도 주고받았습니다. 수업의 밀도가 높아지니 학생들 만족도도 올라갔습니다. 그러나 주 5회 보충수업을 계속하며 심신이 지친 저는 2021년 1학기를 마치고 겸임교수 재계약을 포기했습니다. 오랫동안 해오던 강의라 아쉬웠지만, 그래도 그게 저를 위해서나 학생들을 위해서 바람직하다고 판단했습니다.

온라인 수업을 하며 어떻게 하면 학생들이 '실습'할 수 있게 만들까 고민하다가 일주일에 하나씩 녹음 과제를 내주었습니다. 매주 주제를 정해 1분 남짓 녹음하여 저에게 메일로 보내달라고 했습니다. 녹음 파일을 일일이 듣고 피드백을 적어서 다시 학생 하나하나 답장을 보내주었죠. 예를 들어 '발음'에 관해 강의한 뒤의 과제는 '발음 연습표'에 나온 '가나다라마바사…'부터 '기니디리미비시…'까지 자음과 모음이 결합한 음소를 큰 소리로 발음해 녹음하는 겁니다. 여기에는 'ㅏ, ㅑ, ㅓ, ㅕ, ㅗ, ㅛ, ㅜ, ㅠ, ㅡ, ㅣ' 외에도 복합모음인 'ㅐ, ㅔ, ㅚ, ㅙ, ㅞ' 발음도 들어갑니다. 구분하기가 쉽지 않지요. 일단 'ㅐ'와 'ㅔ' 발음이 서로 다르다는 것을 인식하고, 다르게 소리 내려 애쓰는 것만으로도 공부가 됩니다.

발음이 제대로 안 된다면 여러분도 해보세요. 드라마에 나오는 것처럼 입에 볼펜을 물고 연습하는 건 그다지 도움이 되지 않습니다. 침이 흘러 볼펜만 젖어요. 하나하나 또박또박 소리 내면서 입 모양을 의식하며 발음하는 편이 훨씬 더 도움이 됩니다. 예를 들어 'ㅐ'와 'ㅔ'는 서로 다른 발음이지만, 대부분 비슷하게 발음합니다. 'ㅐ'는 'ㅏ'와 'ㅣ'가 더해진 형태입니다. 입술 모양 '아'에서 시작하면서 거의 동시에 '이'를 발음해보세요. 처음에는 쉽지 않겠지만 자꾸 하다 보면 됩니다. 그렇다면 'ㅔ'는 '어'에서 시작해 동시에 '이'를 발음하는 거겠죠. 그러니 당연히 다르게 들려야 합니다.

발음하기, 발성하기, 주제를 정해놓고 말하기, 키워드(핵심 단어) 한 개로 말하기 또는 세 개로 말하기 같은 과제를 대부분 성실히 수행해준 학생들, 고마웠습니다. 저로서는 품이 많이 들었지만, 그래도 학생들이 실력 향상을 느끼게 하는 데는 도움이 되었을 겁니다. 6~7주가량 되면 의심을 하게 됩니다. 이렇게 해서 실력이 늘기는 하는 걸까. 그럴 때면 첫 주 과제와 이번 주 녹음을 비교해 들어보라고 합니다. 다들 고개를 끄덕이지요. 15주 차에 마지막 과제를 제출할 때면 처음보다 훨씬 나아졌단 걸 알게 됩니다.

어떤 분야든 마찬가지겠지만 실력은 한꺼번에 쑥쑥 늘지 않습니다. 극소수의 천재들은 그럴 수도 있겠지만, 우리는 안 그래요. 마치 아주 완만한 경사로를 올라가는 것 같지요. 올라가고 있는 건가? 의심하는 그때 실력이 약간 향상됩니다. 완만한 경사로가 아니라 계단참이 아주 아주 긴 계단을 올라가는 거라고 여기는 게 나을까요. 올라가고 싶은데 계단참에서 제자리걸음만 지루하게 한다고 느낄 때쯤 겨우 한 계단 올라서니 말입니다.

더러 놀랍게 껑충 뛰어오르는 학생이 있어요. 1주 차와 7주 차 과제물이 완전히 다르죠. 다른 사람이 한 듯 실력 향상이 두드러지는 경우가 드물지만 있습니다. 그럴 때면 궁금해서 어떻게 한 거냐고 물어봐요. 그중 한 학생이 이렇게 대답했습니다. "말을 하려면 상대가 있어야 하잖아요. 그런데 비대면 수업을 하고 친구들도 못 만나서 혼자 사는 저로서는 말할 상대가 없었어요. 생각다 못해 제가 키우는 강아지를 붙잡고 연습을 했어요." 그래요. 강아지의 힘입니다.

강아지든 고양이든 반려동물과 함께 사는 분이라면 그렇게 연습해보세요. "뭐야, 집사! 그만하라고! 귀에서 피가 나!" 반려동물이 항의할 때까지 말입니다.

후배에게 배웠어요

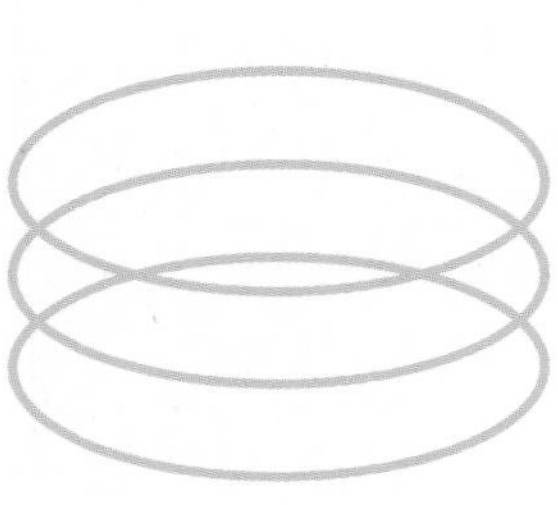

반려동물도 안 키우고 만날 사람도 별로 없다고요? 그렇다면 인형을 하나 마련하세요. 반려동물처럼 붙잡아 앉히고 말을 할 수 있는 정도의 크기로요. <나 혼자 산다>에 나오는 윌슨 정도면 될까요? 그렇게 크지 않아도 됩니다. 손바닥만 한 인형이라도 내 이야기를 날마다 할 수 있으면 되니까요. 중요한 건 날마다 꾸준히 연습하는 겁니다.

지금은 아나운서를 꿈꾸는 학생이 그리 많지 않지만, 1990년대 말부터 2010년대까지만 해도 참 많았습니다. 전에는 교양 프로그램이라고 부를 만한 프로그램이 많았지만, 지금은 예능과 드라마 천국이지요. 아나운서가 설 자리가 마땅치 않습니다. 아나운서를 꿈꾸는 학생이 많던 시절에는 아나운서 아카데미도 많았습니다. 후배가 질문했습니다. "선배님, 아나운서 아카데미를 꼭 다녀야 할까요?" 그럴 때 제 대답은 늘 한결 같았습니다. "그건 너의 선택이지만, 아나운서 아카데미가 합격시켜주지는 않아."

토익 점수를 높이기 위해 영어 학원에 다녀본 사람이라면 이해할 겁니다. 학원에서 배우기만 하면 점수가 올라가던가요. 아니죠. 따로 공부하고 또 공부하고 계속 공부해야 합니다. 아나운서 아카데미에 다니는 것만으로 합격이 된다면 등록하는 모든 수강생이 아나운서가 되어야 하잖아요. 실상은 다릅니다. 다만 그런 곳은 함께 공부하는 분위기가 조성되어 있고 현직이나 전직 아나운서 강사들에게 교육을 받는 곳이지요. 연습과 노력은 각자의 몫일 뿐, 한 번 더 연습하고 조금 더 노력하는 사람이 결국 합격하는 겁니다.

그러니 반려동물이든 인형이든 앉혀놓고 말하기 실습을 하라는 겁니다. 그것도 어렵다면 또 다른 방법이 있습니다. 지하철역이나 버스 정거장에서 집까지 걷는 동안 말을 하는 겁니다. 5분이든, 10분이든 매일! 하루도 빠짐없이! 꾸준히! 이때 중요한 건 실제로 '말'을 해야 한다는 것입니다. 말을 하듯 마음속으로 웅얼거리기만 하면 도움이 안 돼요. 무슨 말을 하냐고요? 그것도 날마다?

주제는 정하기 나름입니다. 영화를 보고 온 날은 영화 줄거리를 요약해도 좋고, 맛있는 점심을 먹었다면 그날 점심 얘기도 좋습니다. 우연히 맛집을 찾아갔다거나, 같이 밥 먹은 사람 덕분에 분위기가 좋았다거나, 친절한 서빙을 받아서 밥맛이 더 좋았다거나 무엇이든 좋아요. '말'을 하는 겁니다. 여기서 한 걸음만 더 나가볼까요.

스스로 묻고 답을 해보세요. 오래전 후배 아나운서의 인터뷰에서 배운 겁니다. 지금은 방송계를 떠났지만 정말 방송을 잘하던 후배의 비결이 궁금했던 터라 꼼꼼히 기사를 읽어봤지요. 그랬더니 혼자 묻고 답하기로 아나운서 시험을 준비했다고 하더라고요. 무엇을 묻고 어떻게 답할까요? 그것부터 말하기의 공부가 됩니다. 예를 들어보죠. 박찬욱 감독이 제75회 칸 영화제에서 감독상을 받았습니다. 그럼 이렇게 질문합니다. "얼마 전 박찬욱 감독이 칸 영화제에서 감독상을 받았습니다. 2019년에는 봉준호 감독이 황금종려상을 받았지요. 최근 우리 영화가 이렇게 세계에서 인정받는 이유는 뭘까요?" 질문을 만들기도 어렵지요. 여기에 적절한 답변을 하기는 더 어렵습니다. 뭘 알아야 제대로 물어볼 수 있다는 게 입증되는 셈입니다.

스스로 질문을 만들어냈다면 거기에 걸맞은 답변도 만들어내야죠. 어떻게 하냐고요? 준비하고 공부하고 노력해야지요. 날마다 하나씩 질문을 만들고 답변을 한다면 6개월 후 180개, 1년 후 360개가 넘는 질문지와 답변지를 갖게 됩니다. 이런 사람이라면 면접장에서 면접관이 무엇을 물어본들 어렵지 않게 대답할 수 있겠지요. 여러분도 할 수 있습니다. 하루 이틀, 일주일 꾸준히 하다 보면 실력이 부쩍 늘어나는 걸 느낄 겁니다. 얘기가 나온 김에 아나운서의 방식, 하나 더 알려드리겠습니다.

지하철역이나 버스 정거장에서 집까지 걷는 동안
말을 하는 겁니다.
5분이든, 10분이든 매일! 하루도 빠짐없이! 꾸준히!
이때 중요한 건 실제로 '말'을 해야 한다는 것입니다.
마음속으로 웅얼거리기만 하면 도움이 안 돼요.

원로 아나운서의 연습법

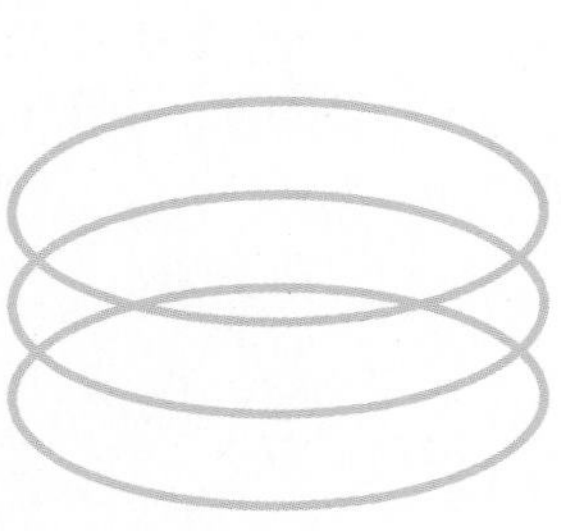

원로든 중견이든 새내기든 마찬가지일 겁니다. 방송은 참 어렵습니다. 생방송이든 녹화나 녹음 방송이든, 목소리만 나오든 얼굴까지 나오든 마찬가지입니다. 제가 해온 텔레비전 프로그램 진행이나 다큐멘터리 내레이션에는 기본 원고(대본)가 있습니다. 토크쇼 프로그램을 예로 들어볼까요. 기획 회의를 거쳐 아이템과 출연자가 정해지면 프로듀서와 작가, 제작진이 출연자와 함께 미팅을 합니다. 한 시간이나 두 시간, 더러는 반나절, 때로는 온종일 얘기 나누고 밥도 먹고 집이나 일터로 찾아가기도 합니다. 책을 낸 분이라면 책을, 다른 방송에 출연한 분이라면 프로그램을 찾아보지요. 개인 SNS도 활용합니다.

그렇게 이야기하고 취재한 내용을 작가가 정리하여 원고를 작성하면 방송 하루 전날에 대본 회의를 통해 진행자가 내용을 파악합니다. 그러니 진행자는 대본을 참고로 출연자와 대화를 나눕니다. 라디오 음악 프로그램에도 기본적인 원고는 있습니다. 오프닝 멘트나 코너 구성 원고, 앞뒤 연결 멘트를 작가가 미리 써두지요. 생방송 도중에 청취자 여러분이 보내주시는 문자나 글도 아주 훌륭한 대본이 됩니다. 여러분의 글이 내비게이션이 되어 디제이도, 제작진도 그날의 방송이 가야 할 길을 찾아가게 되니까요. 예를 들어 오랜만에 단비가 촉촉하게 내리는 날, 프로그램이 어디로 가야 할지는 청취자들의 사연이 안내해줍니다.

대본이 없는 방송 프로그램도 있습니다. 짐작하시는 대로 스포츠 중계방송이지요. 각본 없는 드라마라는 스포츠에 어느 누가 각본을 쓸 수 있겠습니까. "공은 둥글다"라는 축구계의 명언도 있고, "끝날 때까지는 끝난 게 아니다"라는 야구계의 격언도 있습니다. 어느 팀이 이기고 지게 될지, 누가 그 경기의 MVP가 되고 누가 실수를 할지 아무도 모릅니다. 그렇다면 스포츠 중계방송을 담당하는 캐스터와 아나운서는 어떻게 방송 준비를 할까요. 그들의 노하우를 조금이라도 배울 수 있다면, 여러분도 언제 어떤 상황이든 당황하지 않고 말을 할 수 있지 않을까요.

오래전 제가 신입사원이던 시절, 최고의 스포츠 캐스터로 이름을 날리던 원로 아나운서가 계셨습니다. 퇴직을 앞두고 계셨던 선배님은 스포츠를 좋아하는 사람이면 모를 수가 없는 대한민국 스포츠 중계의 전설이었지요. 주로 개막식이나 폐막식, 마라톤 중계처럼 오랜 시간이 걸리거나 굵직굵직한 행사를 도맡아 하던 분이었습니다. 보통 키에 단단한 체격, 멋진 은발, 나지막한 저음의 목소리까지, 완벽한 아나운서였고 전형적인 아나운서였습니다. 얼마나 예의를 잘 갖추시는지 신입이 인사를 드려도 항상 웃는 얼굴에 존댓말로 인사를 받아주시던 분이었습니다.

어느 날 그분이 인사를 안 받으시는 겁니다. 가볍게 목 인사만 하고 얼굴에 살짝 미소만 띤 채 말을 하지 않으셨어요. 혹시 무슨 실수라도 했나 걱정하던 제게 다른 선배가 해주신 말. "저 선배님은 중계방송 일정이 잡히면 그때부터 전혀 말씀을 안 하셔. 목소리도 아끼고 정신도 집중하며 최선을 다하시는 거지. 그러니 마음 쓸 필요 없어. 얼굴에 미소를 짓고 계시잖아."

역할을 맡으면 그때부터 극 중 인물이 되어 살아간다는 배우 이야기는 들어봤지만, 중계방송을 앞두고 말을 삼가는 아나운서가 있다는 건 처음 알았습니다. 이후로도 올림픽처럼 큰 행사를 앞두고 묵언 수행에 들어가시는 원로 아나운서의 모습을 여러 번 볼 수 있었습니다.

물론 모든 아나운서가 그런 건 아닙니다. 중계를 앞두고는 즐거운 기분, 요즘 하는 말로 하이 텐션(잘못된 영어 표현이지만 이해를 돕기 위해 쓰겠습니다)을 유지하는 분도 계셨습니다. 더 우렁찬 소리로 인사하고, 더 밝은 표정으로 많은 얘기를 하시는 아나운서 선배님도 계셨으니까요.

스타일이야 어찌 되었건 대본 없이 두 시간도 넘는 마라톤 중계방송 같은 걸 어찌할 수 있을까요. 우리도 텔레비전으로 본 적 있지만, 총성이 울리면 수많은 선수가 동시에 뛰기 시작하고 선두 그룹과 중간, 후미로 나뉘어 최선을 다해 달리다가 마침내 골인 지점에 들어오는 것이 마라톤입니다. 화면은 별로 변화가 없습니다. 한 무리의 선수들이 달리는 거지요. 파란 하늘, 하얀 구름, 날씨조차 특별한 이야깃거리가 되지 않습니다. 온도, 습도, 강수량 정도를 제외하면 할 만한 얘기가 없습니다.

1992년 바르셀로나 올림픽 폐막식 날 오전에 열린 남자 마라톤 중계방송에서는 이런 일도 있었답니다. 마라톤은 우리나라가 메달을 기대하는 종목이 아니었기에 방송사에서도 출발, 중간 지점, 골인 지점 중계 정도만 예상했답니다. 그런데 이게 웬일, 우리나라 마라토너가 내내 상위권에서 달리더니 선두 그룹에서도 두각을 나타내며 골인을 앞두고 있었습니다. 예상과 달리 두 시간 내내 중계방송을 해야 했던 아나운서, 이제

더는 할 말이 생각나지 않았습니다. 하지만 금메달 획득을 눈앞에 두고 중계를 멈출 수는 없었지요. 주 경기장에 들어오는 선수를 보며 아나운서는 이렇게 말을 이었습니다. “(선수의 발걸음에 맞춰서)왼발, 왼발, 왼발, 왼발!” 그래도 아직 골인하지 못했죠. “황영조! 황여~엉조! 화~앙 여~영 조~오!” 그렇게 수십 번을 외친 끝에 드디어 황영조 선수가 제일 먼저 결승점을 통과했습니다.

이렇게 중계방송은 어렵고도 어렵습니다. 그럼 스포츠 중계 캐스터가 되기까지 아나운서들은 어떻게 준비할까요. 우선 녹음기 하나만 들고 경기장을 누빕니다. 요즘은 스마트폰이면 되겠네요. 중계석 근처에서 녹음기나 스마트폰을 들고 혼자 중얼거리는 사람이 있다면 데뷔를 꿈꾸는 캐스터 지망생입니다. 녹음한 내용을 선배가 들으며 모니터해주고 종목에 따라 1~2년에서 5~6년쯤 해야 중계방송 마이크를 잡게 됩니다.

그럼 그 전에는 어떻게 하느냐. 선배 아나운서가 권

해준 방법 하나는 간판 읽기입니다. 버스를 타고 가면 창밖이 보이지요. 그때 혼자서 입 모양으로만 간판을 계속 읽어봅니다. 저도 해봤는데 쉽지가 않아요. 버스가 속도를 내면 더욱 어렵지요. 그래도 계속해보는 겁니다. ○○ 약국, ×× 꽃집, ** 편의점…. 눈으로 보는 상황을 입으로 소리내기까지 걸리는 시간을 줄이며 입을 풀기에는 이것만 한 게 없을 겁니다.

100장이었는데 1장입니다

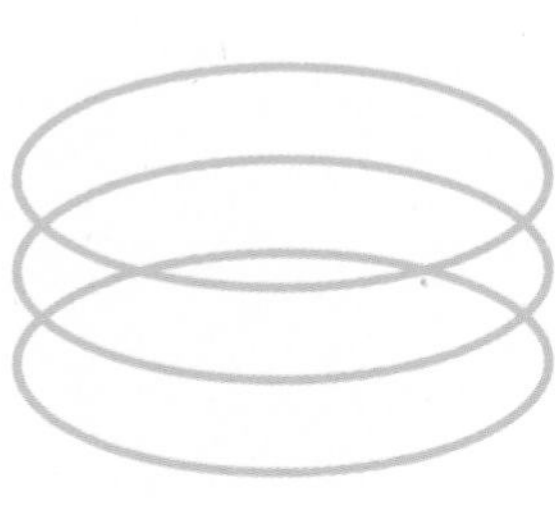

얼마 전 유튜브 〈마이금희〉 라이브 방송에서 후배와 이야기를 나누었어요. 쇼핑호스트로 일하는 후배는 학창 시절 제 수업을 들었던 제자였습니다. 시간이 흘러 나란히 방송을 함께하게 되었으니 참 기뻤죠. 그 자리에서 말을 잘하기 위해서 후배는 어떤 노력을 했는지 물었습니다. 예를 들어 자기소개를 잘하기 위해서 어떻게 했냐고요.

"자기소개할 때 저는 일단 처음엔 종이에 적었어요. 말하기를 두려워하는 이유 중 하나는 스스로 내가 지금 횡설수설하는구나, 느끼며 상대도 내가 횡설수설하는 걸 알겠지, 생각하기 때문이라는 거죠. 그래서 무엇을 어떻게 말할지 정리하는 건데, 가장 좋은 방법은 마인드맵을 그려서 정리하기였어요. 큰 주제를 적고 나뭇가지마다 말할 순서대로 작은 주제를 적는 거죠. 순서는 시계 방향으로 적어요. 그러면 말할 때 제 머릿속에는 그 마인드맵이 있으니까 순서를 헷갈리지 않더라고요. 가지의 나뭇잎 부분에는 중요한 단어를 적어둬 같은 방식으로 머릿속에 그리면서 말을 하는 거죠. 그러면 확실히 일목요연하게 말하게 되더라고요."

자기소개 준비할 때 마인드맵으로 시작해보시는 것도 좋을 것 같습니다. 그날 <마이금희> 라이브에서 저는 100장을 1장으로 줄이는 방식을 말씀드렸어요. 예전 IMF 당시 금 모으기 특별 생방송을 맡았을 때나, 1년간 50명 남짓 초대 손님을 인터뷰했던 <파워인터뷰>를 진행할 때 이용한 방법이에요. 한 사람에 관해 혹은 주제 하나를 놓고 A4 용지 100장 분량의 자료를 모읍니다. 그리고 읽으면서 밑줄을 쳐요. 밑줄 친 부분만 모으면 10장 안팎으로 줄어들죠. 그 10장을 다시 3~4장으로 줄여요. 문장이 아니라 광고처럼 짧은 문구로, 이때부터는 직접 손으로 쓰죠. 결국, 딱 1장으로 만듭니다. 그럼 그건 완전히 머릿속에 저장됩니다. 생방송 중 언제든 꺼내 쓸 수 있지요. 만약 생각나지 않는다면 그땐 큐카

드에 적어둔 핵심 단어를 살짝 찾아보면 되지요.

빼기의 힘입니다. 시간 여유가 있다면 도전해보세요. 그렇지 않다면 후배가 제안한 마인드맵도 참 좋은 방법인 것 같습니다. 중요한 건 방법이 아니라 시도니까요.

혼자서 해보는 방송

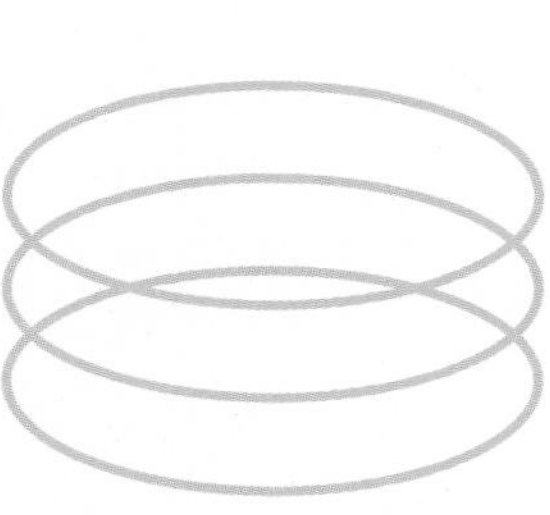

이런 시도는 어떨까요. 제 취미 중 하나는 인터뷰 기사 읽기, 인터뷰 동영상 보기입니다. 특히 문화 예술계 사람이 주인공인 경우는 읽고 보는 게 참 좋습니다. 공부가 되기도 하고 영감을 얻기도 해요. 책이면 더욱더 좋지요. 한때 유명 블로거가 쓴 책이 인기였던 시절이 있었지요. 그 전에는 방송을 통해 유명해진 사람들이 쓴 책이 줄줄이 나오기도 했습니다. 그러고 보니 저도 그중 한 사람이군요.

어떤 프로그램을 맡아도 제 몫을 해내는 방송인이 쓴 책에서 읽은 비법 하나를 공유하려 합니다. 어떻게 하면 말을 잘할 수 있을까, 생방송에서 필요한 순발력을 기를 수 있을까 고민하던 그는 이런 방법을 고안해냈다고 합니다. 말하며 행동하기, 행동하며 말하기. 자신의 일상을 방송 중이라고 생각하며 혼자 중계하는 겁니다. 1인 방송이나 SNS가 없던 시절이었으니 연습하기 위해서 그랬던 셈입니다.

예를 들어봅시다. 점심 때 김치찌개를 끓여 먹으려 해요. 그럼 그걸 말로 표현하면서 행동하는 겁니다. 냉장고를 열며 말합니다. "오늘 점심 메뉴는 김치찌개입니다." 김치 통을 꺼내며 말합니다. "찌개를 끓이기에는 갓 담근 김치보다 약간 신 김치가 제격인데, 김치가 어느 정도 익었을까요?" 김치 통 뚜껑을 열면서 말합니다. "아, 안타깝네요. 신맛이 부족합니다. 하지만 그런대로 만들어보죠, 뭐."

이렇게 해서 김치찌개를 끓여 식탁에 올리고 밥통에서 밥을 푸고 수저통에서 숟가락 젓가락을 꺼내 식탁을 차리는 동안 계속 말을 한다고 생각해보세요. 길어야 30분 아닌가 하실지 모르지만, 1분에 우리는 300음절 이상을 말할 수도 있습니다.

뉴스 관련 논문에서 읽은 적이 있습니다. 일제강점

기였던 우리나라 방송 초기에는 요즘 청취자가 들으면 아주 어눌하다고 생각할 정도로 느리게 뉴스를 진행했다고 합니다. 전달 속도 측정 결과 1분에 217음절을 말했다고 해요. 낭독하듯 똑똑 끊어 읽었대요. 마치 음악의 스타카토Staccato 기법처럼요. 그러다가 2000년대에는 앵커가 1분에 평균 373음절을 말했다고 합니다. 심지어 1분에 447음절을 말한 사람까지 있다고 해요. 엄청 빠르게 많은 말을 하는 거죠. 그 정도로 세상은 급해지고 우리는 빨라진 겁니다. 그러니 우리가 30분 정도 쉬지 않고 계속 말을 한다면 무려 1만 음절가량을 말할 수도 있는 겁니다.

저도 한번 해봤습니다. 청소할 때, 손빨래할 때, 혼자 밥 차려 먹을 때도 해봤습니다. 쉽지 않습니다. 멈추지 않고 말하는 것도, 내가 하는 행동을 말로 옮기는 것도 만만치가 않습니다.

그럼 왜 이런 연습을 해야 하느냐, 묻고 싶을지도 모릅니다. 말을 하기 위해서, 제대로 하기 위해서는 입술을 비롯한 근육을 풀어주어야 합니다. 그보다 더 중요한 건 내 마음을 풀어주어야 하기 때문입니다. 머릿속으로 말을 해야지 생각한다고 곧바로 말이 입 밖으로 나오는 게 아닙니다. 주말 내내 말을 하지 않고 월요일에 출근하면 “좋은 아침! 안녕하세요!” 하는 인사조차 잘 나오지 않던 경험, 있지 않나요.

예능 프로그램에서 가끔 나오는 구구단 문제, 언제나 백발백중인가요? 초등학교 때 그렇게 외워서 지금도 입에서 술술술 나올 것만 같은 구구단조차 안 쓰면 잊어버립니다. 스스로 물어보세요. 6X7은? 8X4는? 입에서 바로 나오지 않습니다. 말도 마찬가지입니다. 용불용설, 안 쓰면 줄어들고 쓰면 늘어납니다. 어휘도 그렇고 대화도 그래요. 안 쓰다 보면 잘 알고 있던 단어조차 잊어버립니다.

말을 잘하기 위해, 말에 부담감을 덜기 위해, 두려움을 없애기 위해, 순발력을 키우기 위해 이렇게 중계를 해보는 겁니다. 초보일 때는 줄이는 건 쉽지만 늘리는 건 어렵습니다. 숙련된 후에는 늘리는 건 쉽지만 줄이는 게 어려워지죠. 말을 줄이기가 쉽지 않네, 느낄 정도로만 말을 많이 해보세요. 혼자서라도. 말이 어렵지 않게 느껴지도록 연습해보세요.

이미 절반은 이긴 거야

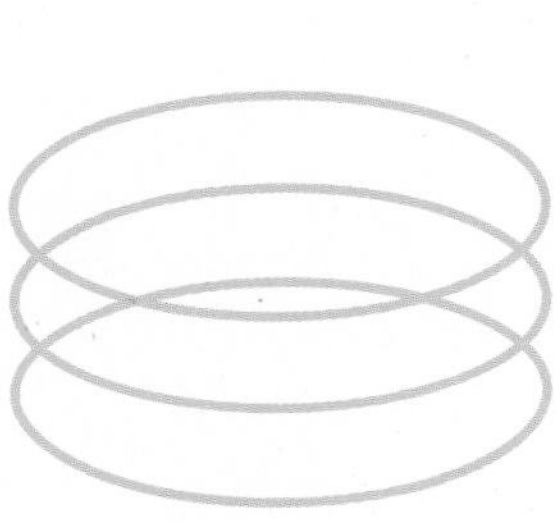

말이 어렵고 발표가 힘들었던 학생이 학기 초 티타임 때 말했어요. "저, 사실 큰 결심하고 이 수업 듣는 거예요. 수강 신청을 엄청 망설였거든요." 실습수업이 많지 않아서 수강 신청하기 어려운 과목으로 알려졌던 터라 좀 의외라고 느꼈습니다. "제게 발표 트라우마가 있거든요." 이 책을 시작할 때 잠깐 언급했던 그 학생 이야기입니다.

외향적으로 보였던 학생은 초등학교 때부터 발표하는 걸 좋아했다고 했습니다. 중·고등학교 때도 마찬가지였고요. 그런데 대학 새내기 시절, 수강생이 100명도 넘는 대형 강의실에서 첫 발표를 하게 되었답니다. 너무 긴장한 탓인지 그날따라 이상하게 말을 못 하고 머뭇거렸는데, 시간 관계로 교수님이 양해를 구하더랍니다. 다음에 다시 발표하는 게 어떻겠냐고요. 그 순간 계단 강의실에 앉은 모든 학생이 자신만 내려다보는 것 같았고, 눈물이 났더랍니다.

갑자기 생긴 공포증으로 발표를 망치고 나자 이후 남들 앞에서 말을 할 수가 없게 되었답니다. 동아리 신입생 환영회 자리에서 하는 간단한 자기소개도 숨이 막혀서 할 수 없더래요. 그래서 발표 수업을 피하며 수강 신청을 했고, 이제 마지막 학기라고 했습니다. 이렇게 졸업을 하고 나면 사회생활하면서도 내내 발표를 못 하게 될 것 같아 마지막 한 줄기 희망을 붙잡는 심정으로 수강 신청했다는 겁니다.

수강 신청하는 순간, 이미 발표 공포는 반쯤 극복된 거라고 말해주었습니다. 한 학기 15주 동안 나머지 절반을 함께 이겨내보자는 말과 함께요. 발표를 앞두고 가슴 떨리는 건 누구나 마찬가지일 겁니다. SNS에서 이런 글도 읽은 적이 있어요. “지난 1년간 연구한 내용을 내일 발표합니다. 내가 망하는 건 자연스럽다, 남들도 잘 모를 거다, 이런 생각을 하면서 토하지 않으려 애

쓰고 있어요. 발표쯤 망한다고 아무도 죽지 않으니까요." 처절하죠. 어떻게 하면 발표 공포에서 해방될 수 있을까요.

하버드 경영대학원의 앨리슨 우드 브룩스 교수는 발표를 앞둔 학생들을 무작위로 나누어 한 집단에는 "침착하자"를, 다른 집단에는 "신난다"를 소리 내어 말하게 했답니다. '침착'과 '신난다'라는 한 단어 차이가 꽤 컸다고 합니다. 자신의 감정을 신난다고 정의한 학생들은 침착하자고 다독인 학생들보다 설득력은 17퍼센트, 자신감은 15퍼센트 높다는 평가를 받았답니다. 두려움을 흥분으로 규정하자 동기가 부여되었고, 그런 학생들은 연설이 평균 29퍼센트 길어졌으며, 37초나 더 무대 위에 머무를 용기를 얻었다네요.

침착해지려고 애쓰기보다 조금은 흥분하는 게 두려움 극복에 더 효과적이라는 뜻이죠. 두려울 때 우리는 심장이 두근거리는 걸 느끼잖아요. 그런 상태에서 침착해지려고 애쓰는 건 시속 100킬로미터 이상으로 달리는 자동차에서 갑자기 브레이크를 밟아 급정지하는 거랍니다. 강렬한 감정을 억누르려고 애쓰기보다 그 감정을 다른 감정으로 전환하는 게 더 쉽다는 겁니다. 종류는 달라도 강도는 비슷한 다른 감정으로 바꿔서 가속기를 계속 밟게 만드는 거죠. '멈춤' 대신 '동력' 장치를 가동하면 두려움에 직면한 상황에서도 스스로 동기를 부여하게 된답니다.

"어떡하지? 큰일 났네!" 하는 게 아니라 "어떡하긴! 한번 해보자, 이왕 발표할 거 신나게!" 하는 거죠. 이것도 그리 쉬운 일은 아닙니다. 이렇게 마음먹기 전에 꼭 해야 할 게 있는데요. 바로 부담 없는 발표에서 작은 성공의 경험을 쌓아가는 겁니다.

15주 내내 소소한 발표를 하게 했습니다. 예를 들어 '이것은 무엇일까요?' 수업처럼요. 시작할 때 초코파이를 하나씩 줘요. 그리고 머릿속으로 무엇이든 떠올려 보라고 합니다. 오늘 아침부터 지금까지 본 것 중에서요. 한 명씩 앞으로 나오며 저에게 '이것'을 쓴 종이를 전달합니다. 스무고개 넘듯이 '이것'을 맞히는 거예요. 정답을 맞히는 사람은 발표자의 초코파이를 가져갈 수 있어요. 문제를 내는 사람은 어떻게든 맞히지 못하게 힌트를 줘야겠죠. 초코파이 하나가 뭐라고 다들 아주 열심히 퀴즈를 맞히고 또 방어합니다. 일종의 게임이기 때문에 부담 없이 말하고 듣고 맞히고 막을 수 있습니다.

12장짜리 단편소설을 함께 읽는 시간도 있었습니다. 한 팀에 네 명이 있으니 각자 3장씩 나누어주고 10분 동안 읽어요. 누구는 앞부분을 읽으니까 등장인물에 초점을 맞추게 되고, 뒷부분을 읽는 사람은 왜 그러는지도 모르면서 주인공이 죽음에 이르는 대목을 읽게 됩니다. 중간 부분을 읽는 사람은 더 답답하지요. 앞뒤 맥락을 모르는 채 사건의 전개만 접하게 되니까. 10분이 지나면 각자 3분씩 순서대로 자신이 읽은 내용을 설명해주고 나머지는 열심히 듣습니다. 12분이 지나면 소설 한 편의 내용을 다들 알게 되겠죠.

그때부터 시작입니다. 각 팀 대표가 앞으로 나와 정해진 시간 안에 내용을 정리해서 말합니다. 여기서 중요한 건 시간입니다. 정해진 시간이 3분 45초라면 3분 45초에 가장 근접한 팀이 우승입니다. 우승하면 초코파이를 하나씩 받게 되고요. 팀 대표가 앞에 나가서 발표하면 팀원들은 손짓 발짓하며 시간을 알려줍니다. 말은 할 수가 없어요. 다른 팀에 방해가 되니까. 그럼 또 우리는 초코파이의 위력을 알게 되는 거지요.

때로는 경쟁을 하면서 이렇게 매주 소소한 발표를 했어요. 팀 내 발표를 했던 주도 있었어요. 이런 식이었습니다. 두 팀을 하나로 묶어요. 여덟 명이죠. 여덟 개의 각기 다른 모양 과자를 준비합니다. 각 팀 첫 번째 발표자를 앞으로 나오게 해요. 과자 하나씩을 나눠주되 혼자만 보고 나서 얼른 종이봉투에 넣으라고 합니다. 그리고 팀으로 돌아가 나머지 일곱 명에게 자신이 본 과자의 모양과 색깔을 설명하는 겁니다. 3분간의 설명이 끝나면 일곱 명의 팀원은 각자 떠올린 과자의 모양과 색깔을 말해요. 그럼 과자를 꺼내서 비교해보는 겁니다. 일곱 명 앞에서 3분간 설명하는 것인데 잘하든 못하든 상관이 없으니 누구나 편안한 마음으로 발표를 합니다. 설명하는 것이 곧 발표니까요.

이런 식으로 수업을 한 후 15주가 흘렀습니다. 발표 트라우마 때문에 힘들어했던 졸업반 학생은 어찌 되었느냐고요? 아시잖아요. 그 학기에 전체 1등을 했습니다. 팀 발표도 개인 발표도 최고였지요. 학기가 끝난 후에 감사 메일을 보내 올 정도로 자신감도 찾았고요. 말씀드렸잖아요. 수강 신청을 하는 순간, 이미 절반은 극복한 거라고. 말씀드리겠습니다. 이 책을 골라 드는 순간, 여러분도 이미 절반은 극복하신 겁니다.

호흡은 말의 리듬

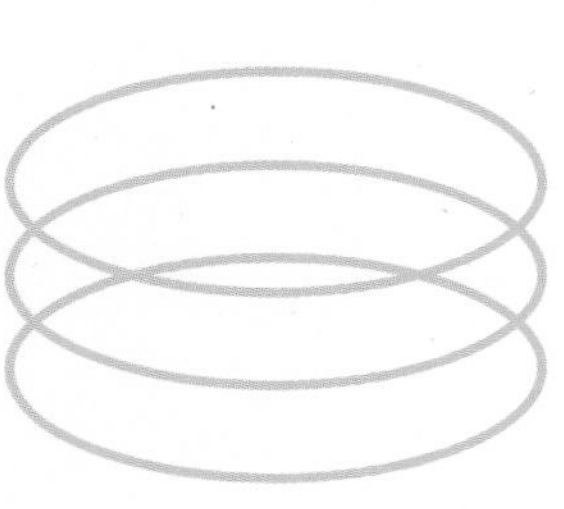

박찬욱 감독이 영화 <헤어질 결심> 개봉을 앞두고 했던 라디오 인터뷰에서 디제이가 이런 질문을 했습니다. "감독님 영화에서는 호흡이 아주 중요한 것 같아요. 영화 <박쥐>에서도 그렇고, 이번 <헤어질 결심>에서도 그랬지요?" 박 감독님은 이렇게 답했어요.

"언제부턴가 저는 호흡도 대사의 일부라고 생각을 했어요. 아마도 <공동경비구역 JSA> 때부터였던 것 같아요. 그래서 배우들에게 따로 부탁합니다. 호흡도 신경 써서, 대사의 일부로 해달라고요."

놀랐습니다. 제 생각도 그렇거든요. 연기를 잘하는 배우의 대사를 귀 기울여 들어보면 그런 걸 느낍니다. 연기 잘하는 배우는 대사를 잘한다, 대사 잘하는 배우는 호흡을 잘한다. 대사가 한 줄이든 열 줄이든 어디에서 호흡을 주고 어디에서 호흡 없이 몰아치듯 말하는지 말의 리듬을 명배우들은 알고 있습니다.

연극 무대에 오랫동안 섰던 배우들이 특히 그런 호흡 처리를 잘합니다. 연기뿐 아니라 다큐멘터리 내레이션에서도 호흡은 중요합니다. 어디서 끊어 읽고 어디서 붙여 읽어야 하는가. 어디서 얼마만큼 쉬었다가 가는가. 이런 세밀한 부분이 결국 내레이션 전체의 흐름을 결정짓고, 편안하게 듣거나 반대로 불편하게 듣게 만들거든요.

띄어 읽기와 관련해서 유명한 문장이 있지 않습니까. '아버지가/ 방에/ 들어가신다'를 잘못 띄어 읽으면 '아버지/ 가방에/ 들어가신다'가 되잖아요. 사람이 가방에 들어가는 거죠. 그것도 아버지가! 오래된 개그 중에 '아기다리/ 고기다리/ 던/'도 있지요. '아/ 기다리고/ 기다리던' 말입니다.

띄어 읽을 부분에 '/' 표시를 했지요. 저는 원고를 받으면 지금도 습관적으로 제일 먼저 띄어 읽기 표시부터 합니다. 아나운서나 성우 대개가 그렇게 할 겁니다. 각자 자신만의 표시를 하지요. 저는 세 가지를 씁니다. 오래 쉬는 곳에는 '//' 두 개를 긋거나 아주 길게 그어요. 그보다 덜 쉬고 넘어가는 곳은 '/' 하나를 긋습니다. 아주 살짝 쉬는 듯 마는 듯하면 거기에는 '√' 표시를 작게 합니다.

이건 아주 초보적인 띄어 읽기고요. 초급반을 넘어 중급반이나 고급반이 되면 '몰아치기'와 '쉬어 가기'를 적절하게 사용합니다. 강의를 업으로 하시는 분들은 금세 이해하실 거예요. 강조해야 할 내용이 있으면 일부러 그 앞에서 잠시 쉬죠. 포즈를 둡니다. 그럼 듣는 사람의 흐름이 끊기면서 약간 긴장하거든요. 다음에 무슨 말이 나올까. 이게 바로 '쉬어 가기' 방법이고요. '몰아치기'는 말 그대로입니다. 또 다른 강조 기법인 셈인데 평범한 속도로 읽다가 갑자기 빠르게 읽는 겁니다. 그럼 듣는 이의 호흡 역시 달라지며 긴장을 하게 됩니다.

저에게도 실은 내레이션을 일주일 만에, 그러니까 딱 한 번 해보고 잘린 경험이 있습니다. 입사 2년 차쯤 되었을 때였습니다. 담당하던 선배 언니가 출산 휴가에 들어가면서 운이 좋게 제가 대타를 하게 되었습니다. 지금은 90일인 출산 휴가가 그때는 60일이었습니다. 저에게는 두 달간 내레이션할 수 있는 기회가 생겼던 거죠. 주 1회 프로그램이니 여덟 번을 해보면 어느 정도 감도 잡고 내레이션 경험도 쌓을 수 있어 일석이조였습니다. 그런데 이게 웬일입니까? 딱 한 번 해본 후 다큐팀 부장님이 바로 다음 주에 저를 하차시켰습니다. 기대가 컸던 만큼 실망도 컸습니다. 무엇보다 궁금했습니다. 왜 잘렸을까? 왜 기회를 더 주지 않았을까?

마침 로비에서 부장님을 뵀습니다. 반가운(?) 마음에 "부장님!" 부르며 달려갔습니다. 부장님은 적잖이 당황하셨지만, 저는 진짜 궁금했거든요. 그래서 씩씩하게 여쭤봤습니다. "부장님, 저를 왜 한 번 만에 자르셨어요?" 절대로 항의가 아니었습니다. 단지 궁금했습니다. 이유를 알아야 다음에 잘리지 않도록 할 수 있잖아요. 하지만 저의 씩씩한 질문을 항의로 받아들였던지 부장님은 얼굴이 벌게져서 "어, 저, 그게, 저기, 그러니까…" 하더니 서둘러 "그럼 다음에 봅시다"라고 하면서 급히 걸음을 옮기셨습니다.

부장님, 그땐 죄송했어요. 저는 정말 궁금하고 다시는 잘리고 싶지 않았거든요. 지금은 이해하고 부장님의 결정을 존중해요. 저였더라도 저에게 한 번 더 맡기진 않았을 것 같아요. 잘하고 싶다는 의욕이 넘치고 힘이 잔뜩 들어간 내레이션이 얼마나 부담스러웠을까요. 운동할 때도 무조건 힘부터 빼고 부드럽게 해야 하는데 말하기도 마찬가지입니다. 부드럽게, 욕심부리지 말고, 힘을 빼고, 자연스럽게.

몇 년이 흘러 맡은 프로그램이 <인간극장>이었습니다. 처음부터 제가 내레이션을 전담으로 한 건 아니었고 유명한 성우나 배우 들이 돌아가며 내레이션을 하다가 저에게도 기회가 왔습니다. 해보니 알겠더군요. 참 좋은 프로그램이라는 걸요. 이번에는 잘해야겠다는 욕심 대신 저 자신에게 물었습니다. '여기서 내 역할은 무엇이지?' 몇 주 동안 생각하며 답을 찾았습니다. '아, 나는 시청자들보다 먼저 인간극장을 보는 사람이지. 첫 번째 시청자인 셈이야. 그럼 어떻게 해야 할까? 이 다큐를 처음 본 사람으로, 아직 보지 못한 사람에게 설명해줘야지.' 그런 마음으로 일해서였는지 9년 6개월이나 <인간극장>을 할 수 있었습니다. 고마운 일입니다.

호흡 얘기하다 <인간극장> 얘기까지 왔습니다. 띄어 읽기와 호흡을 파악하고 말하기에 접근한다면 맥락을 쉽게 파악할 수 있습니다. 맥락은 핵심을 파악하게 하죠. 호흡을 살린다고 생각하고 말하려는 노력이 결국 핵심을 강조하는 말하기를 가능하게 해줍니다.

운동할 때도 무조건 힘부터 빼야 하는데
말하기도 마찬가지입니다.
부드럽게, 욕심부리지 말고, 자연스럽게.

한 번 더 물어봐도 괜찮아

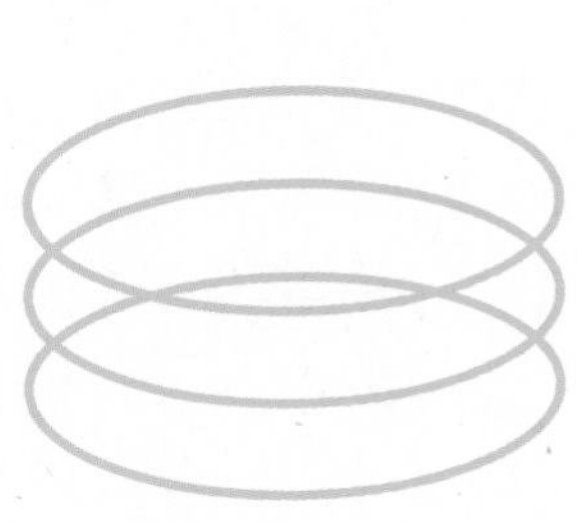

오랫동안 면접관으로 일해온 인사 담당자와 차를 마셨습니다. 궁금한 걸 여쭤볼 수 있었어요. 어떤 지원자에게 높은 점수를 주시나요? 질문의 포인트를 정확히 알아채는 사람에게 높은 점수를 준다고 했습니다. 당연한 말처럼 들리지만, 의외로 뭘 물어보는지를 모르는 사람도 많다고 했습니다. 다들 긴장을 하니까요. 긴장하면 포인트를 못 알아챈다고 했습니다.

면접관의 질문을 제대로 알아듣지 못했다, 그럴 때면 어떻게 하는 게 좋을까요? "죄송하지만 한 번 더 말씀해주시겠습니까?" 물어보는 게 낫다고 하더군요. 그렇게 묻는다고 해서 면접관에게 결례하는 것도 아니고 그렇게 물어야만 시간을 조금이라도 벌면서 생각을 정리할 수 있다고요. 질문을 정확히 알아듣지 못한 채로 답변을 하려고 하면 동문서답을 할 수도 있으니 지원자에게 불리하다는 겁니다. "다시 한번 질문해달라"라고 하는 간단한 말조차 긴장한 나머지 생각을 해내지 못하는 사람도 많다는 겁니다. 그러니 이 문장 하나는 최후의 보루처럼 마음에 품고 면접에 들어가세요.

똑같은 질문을 두 번이나 들었는데 그래도 모르겠다면 어떻게 하는 게 좋을까요. "잠깐만 생각을 정리해보겠습니다. 시간을 조금만 주셔도 되겠습니까?" 예의바르게 여쭤보고 양해를 구하면서 면접의 페이스를 자기 쪽으로 가져온 후에 말을 하는 게 낫다고 합니다. 길어야 5초쯤 면접관을 기다리게 하는 건 괜찮다고요. 조금 안심됩니다.

그럼 어떤 지원자에게 낮은 점수를 주시는지요. 저의 다음 질문이었습니다. A라는 답을 해야 하는데 자꾸 자기가 외워 온 B를 말하려는 사람이라고 했습니다. 그럴 때 면접관은 지원자의 말을 중간에 끊으면서 주의를 환기한다고 했어요. 지금 이건 B가 아니라 A를 묻는 거라고. 그런데 그렇게 말을 해도 말귀를 못 알아들은 건지 준비한 게 그것밖에 없는 건지 계속 B만 말하는 것, 이런 경우가 제일 나쁘다고 했습니다.

또 면접관들은 일부러 정답이 없는 질문을 할 때가 있다고도 했습니다. 그런 경우는 지원자에게 정답을 원하는 게 아니라, 그가 나름의 논리를 가지고 어떻게 설득을 하는지 자세와 태도를 본다고 했습니다. 지원자도 판단할 줄 알아야 하겠지요. '아, 이 질문은 내가 어떻게 답하는지를 보려고 하는 거구나.'

마지막으로 일부러 지원자를 당황하게 만들 때도 있다고 했습니다. 사람의 본모습은 그럴 때 나오는 법이라서요. 지원자로서는 황당하기도 하고 '이건 좀 아닌데' 하는 생각이 들기도 하겠지만 그렇게 나온다면 좋은 점수를 받기 어렵다고 합니다. 더러는 면접관을 들이받으려 하는 지원자도 있는데 바람직하지 않다고요. 억울한 마음도 들겠지만 어쩌겠습니까. 준비된 모습만이 아니라 준비되지 않은 모습까지 보고 싶어 그러는 거니까요. 그럴 때 이렇게 말을 하면 제일 높은 점수를 주게 된다고 해요. "그 말씀도 맞는 말씀이지만 저는 이렇게 생각합니다. 왜냐면…."

압박감을 느껴도, 발끈하고 싶어도 잠깐입니다. 감정을 앞세워서 흥분하지 마시고 차분하게 생각해보세요. '지금 왜 이런 질문을 하는 걸까?'

발표쯤 망한다고 아무도 죽지 않습니다.
학생들에게 제 수업 수강을 신청하는 순간
이미 발표 공포는 반쯤 극복된 거라고 말해주었습니다.
이 책을 골라 드는 순간
여러분도 이미 절반은 극복하신 겁니다.

정리 또 정리 다시 정리

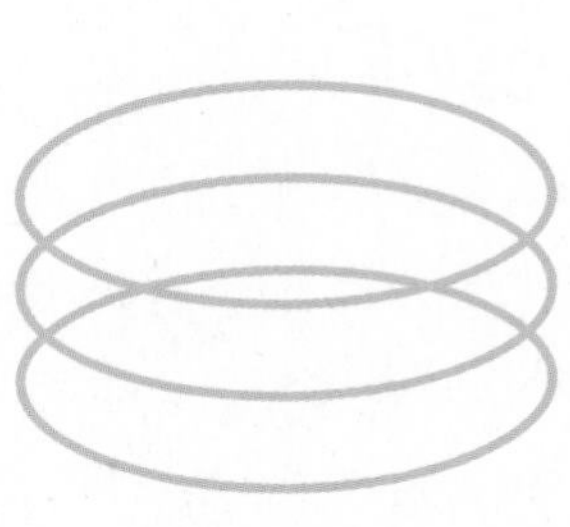

어떻게 말을 할까 생각해봤습니다. 하지만 더 중요한 건 이겁니다. “무엇을 말해야 할까?” 영어 공부를 다시 예로 들어볼까요. 영어를 잘 하기 위해서 우리는 단어도 외고 문법도 익히고 회화도 연습해봅니다. 이제 어느 정도 자신감이 생겼어요. 원어민과 말을 해볼 수도 있을 것 같지요. 그런데 무슨 말을 해야 할까요. 영어 단어를 많이 안다고 원어민과 대화를 술술 할 수 있는 것은 아니잖아요. 요즘 그 나라 사람들의 관심 사안이 무엇인지를, 아니면 그 사람이 무엇을 좋아하는지를 알아야 합니다. 그래야 대화를 끌어갈 수 있지요. 날마다 만나서 “How are you?” “Fine, thank you.” “And you?” 이러고만 있을 수는 없잖아요.

정리하는 습관을 만들어보면 어떨까요. 책 한 권을 읽더라도, 영화 한 편을 보더라도 재밌네, 하고 넘길 게 아니라 분석도 해보고 생각도 해보는 겁니다. 만약 내가 주인공이라면? 실제로 이런 질문은 면접에서 나오기도 합니다. 많은 관객이 본 영화, 그해 베스트셀러에 오른 책은 면접관들이 즐겨 물어보는 단골 질문 소재가 되기도 하지요.

쉬운 일은 아니지만 정리하는 습관을 들이면 영화 한 편, 책 한 권이 내 것이 됩니다. 생각하는 습관을 들이면 나만의 언어가 나옵니다. 조금 다른 얘기지만, 시인들이 교통사고를 당할 확률이 높다는 미확인(!) 통계가 있다고 합니다. 우스갯소리니까 진지하게 듣지는 마세요. 그래도 이유가 궁금하시죠. 시어 하나를 내내 생각하고 다니느라 교통신호를 제대로 보지 못해서라고 합니다. 적확한 단어, 시적인 언어인 시어를 찾는 일이 어렵다는 뜻일 겁니다. 그래서 시는 그렇게 인상적이고 강렬하고 아름답고 신비로운가 봅니다.

이 말을 뒤집어보면 생각에 생각을 거듭하면 누구든지 적확한 시어, 기막힌 표현, 적절한 단어를 찾아낼 수 있다는 뜻입니다. 고민을 거듭하기는커녕 생각조차 안 하고 사는 사람이라면 수많은 어휘를 나열해도 그 말에 힘이 실리지 않는다는 뜻이고요.

힘이 있는 글, 인상적인 문구라면 광고도 빼놓을 수는 없지요. 유명한 광고 문구는 한 시대를 풍미하는 유행어가 되고, 시대를 넘어 다음 세대로 이어지기도 합니다. 그런 문구를 만들어내는 카피라이터들도 비슷하지 않을까요. 실제로 그들 사이에서 통용되는 말 중에 이런 게 있답니다. "어딘가에 있다. 지금 내가 못 찾을 뿐이지."

그래요. 우리도 찾아내볼까요. 생각을 거듭하고 정리하는 일을 부담스러워하지 마세요. 한두 문장이라도 좋아요. 책에서 얻은 것을 한두 문장으로 정리하거나 요약해보세요. 영화를 보고 느낀 것, 그 영화가 던지는 질문에 내가 쓰는 답장을 한두 문장으로 정리하거나 요약해보세요. 그런 문장을 100개만 가지고 있다면 어떤 물음에도 적절한 답을 할 수 있지 않을까요. 달달 외운 것은 잊어버릴 수도 있지만, 깊이 생각한 것은 머릿속 어딘가에 남는 법입니다. 그것은 남의 것이 아니라 내 것이니까요.

닫는 말

사람의 일이란 알 수가 없는 것 같아요. 지난 세기에 (그래요, 1999년이었죠) 에세이를 한 권 내고 제 인생에 책은 다시 없을 줄 알았습니다. 글을 써서 책을 내는 건 뭔가 세상에 할 말이 있다는 건데, 저는 방송에서 하고 싶은 이야기를 하잖아요. 못다 한 말 같은 건 없다고 여겼지요. 나무도 아껴주고 싶었고요. 그런데 이렇게 또 몇 달간 노트북을 열어놓고 글을 쓰고 있네요.

인생은 알 수가 없어요. 여러 번 말씀드렸다시피 영화광이었던 저는 영화와 일을 연결하고 싶지 않았습니다. 책을 1년에 50권씩 읽으며 행복했지만, 책 관련 프로그램을 하고 싶지도 않았습니다. 취미는 취미로 남겨두고 싶었지요. 그래야 일하다 지쳐 어딘가로 도망치고 싶을 때 갈 수 있는 도피처가 있으니까요. 하지만 지금 저는 영화나 드라마, 책을 리뷰하는 유튜버가 되었습니다. <마이금희>의 구독자 '맑음이'님들과는 끈끈한 연대감과 정다운 유대감이 있지요.

33년 방송 일을 하며 쌓아온 경험과 22년 6개월간 겸임 교수로 강의를 하며 알게 된 노하우가 후배들에게 조금이라도 도움이 되면 좋지 않겠냐는 마음이 강단을 떠난 후에야 들었습니다. 강의할 때도 그랬지만 지금도 젊은이들에게는 늘 빚진 마음입니다. 기성세대로서 열심히 살아오며 좋은 세상을 만들고 싶었지만, 예전과는 비교도 할 수 없을 만큼 힘든 세상을 살아가게 한 것만 같아서요.

젊은이들에게 빚을 갚는 심정으로 기억을 더듬어 썼습니다. 제 수업을 들은 후배이자 제자였던 학생들을 떠올려봅니다. 덕분에 책을 쓸 수 있었습니다. 제가 정말 좋아하는 작가 선후배님들이 보잘것없는 글을 감수해주셨습니다. 친한 친구 몇 명도 전화로 톡으로 귀찮게 했지요. 의견을 물을 때 기꺼이 대답해주고 회신을 보내주었습니다. 추천의 글을 써준 나의 자랑 나의 친구 이선희 님, 사랑하고 존경하는 후배 김혜수 님과 송은이 대표와 한지민 님, 각별히 아끼는 제자 박상영 작가, 음악으로 나를 행복하게 하는 잔나비 최정훈 님에게 감사 인사 전합니다.

〈사랑하기 좋은 날 이금희입니다〉, 〈동물극장 단짝〉, 〈한국기행〉, 〈마이금희〉를 함께 만들고 있는 제작진의 격려도 잊지 않을 겁니다. 청취자와 시청자, 구독자 여러분은 자꾸만 꺼내보고 싶은 나만의 보물 상자처럼 늘 든든합니다.

무엇보다 다시는 책을 쓰지 않으려던 저를 설득해 노트북 앞에 앉힌 웅진의 윤진아 과장을 비롯한 여러 분, 힘들었지만 덕분에 끝을 맺을 수 있었어요. 가족의 힘을 잘 알고 있습니다. 아나운서의 바탕을 만들어주신 어머니, 언니들과 동생과 제부, 조카들은 제가 살아가는 이유입니다.

글을 맺으려다 보니 그동안 제가 읽은 책, 제가 본 드라마나 영화를 만들어주신 분들에게 진심으로 고맙다는 말을 해야 할 것 같습니다. 제 삶이 여러분 덕분에 한결 더 풍요로워졌으니까요. 마지막으로 서울의 한 극장 출입구에 새겨진 문장으로 끝맺으려 합니다. 이란 영화감독 아스가르 파르하디의 말이라고 합니다.

“관객에게 답을 주는 영화는 극장에서 끝날 것이다.

하지만 관객에게 질문을 던지는 영화는 상영이 끝났을 때 비로소 시작한다 If you give an answer to your viewer, your film will simply finish in the movie theatre. But when you pose questions, your film actually begins after people watch it.”

이제 책장을 덮고 세상으로 나아가는 당신이 이전보다 자연스럽고 편안하게 말을 시작할 수 있기를 바랍니다. 우리, 편하게 말해볼까요.

우리, 편하게 말해요

초판 1쇄 발행 2022년 10월 21일
초판 18쇄 발행 2023년 12월 26일

지은이 이금희

발행인 이재진 **단행본사업본부장** 신동해
편집장 김예원 **디자인** [★]규 **교정교열** 신혜진
마케팅 최혜진 이인국 **홍보** 반여진 허지호 정지연 송임선 **제작** 정석훈

브랜드 웅진지식하우스
주소 경기도 파주시 회동길 20
문의전화 031-956-7361(편집) 031-956-7089(마케팅)
홈페이지 www.wjbooks.co.kr
인스타그램 www.instagram.com/woongjin_readers
페이스북 https://www.facebook.com/woongjinreaders
블로그 blog.naver.com/wj_booking

발행처 ㈜웅진씽크빅
출판신고 1980년 3월 29일 제406-2007-000046호

ISBN 978-89-01-26477-6 03710

• 웅진지식하우스는 ㈜웅진씽크빅 단행본사업본부의 브랜드입니다.